财务指标解析与实战

曹明成　谭文◎著

中国宇航出版社
·北京·

图书在版编目（CIP）数据

财务指标解析与实战 / 曹明成，谭文著. -- 北京 : 中国宇航出版社，2018.1
ISBN 978-7-5159-1435-0

Ⅰ. ①财… Ⅱ. ①曹… ②谭… Ⅲ. ①股票投资－基本知识 Ⅳ. ①F830.91

中国版本图书馆CIP数据核字(2017)第316760号

责任编辑　卢　珊
责任校对　鲁　迁　　　装帧设计　宇星文化

出版发行　中国宇航出版社
社　址　北京市阜成路8号　　邮　编　100830
(010)60286808　　(010)68768548
网　址　www.caphbook.com
经　销　新华书店
发行部　(010)60286888　　(010)68371900
(010)60286887　　(010)60286804(传真)
零售店　读者服务部
(010)68371105
承　印　北京天顺鸿彩印有限公司
版　次　2018年1月第1版　　2018年1月第1次印刷
规　格　787×960　　开　本　1/16
印　张　10.75　　字　数　157千字
书　号　ISBN 978-7-5159-1435-0
定　价　29.80元

本书如有印装质量问题，可与发行部联系调换

序

近年来，市场上的股票类书籍渐有泛滥之势，且质量良莠不齐，多有鱼目混珠之作，真正能指导投资者实战应用的作品可谓少之又少。然最近读曹明成先生主笔的实战炒股系列丛书，感觉甚好。细读之下，书中不乏作者多年的实战经验心得与“不传之密”，实为“用心之作”，相信读者阅后当有所裨益。

我与曹明成先生相识已久。初识其人，还是1997年在湘财证券的营业部，当时因本人虚长几岁，故称他为“小曹”。其时的“小曹”，瘦瘦小小，貌不惊人，书生气十足，亦没有什么名气。后常有散户打听“曹明成”，发展到后来，不断有大户托我的关系来约“曹先生”吃饭，这才让人刮目相看。1999年他狙击网络科技股一战成名，早年的“小曹”已经成为了当时湘楚一带赫赫有名的“老曹”。

几年后我们相继开始单干，都有了自己的事业，与曹明成先生的联系渐少，偶闻他的消息也只是在报刊杂志上见到他的有关跟庄理论的文章。这次接到他的电话让我为丛书写序，颇感意外。在我的印象中，他身体并不太好，甚至可以用“体弱多病”来形容，又常沉溺于股票实战中，写书这种耗时耗力之事，以他一人之力怎能办到？

见面后我才知道，原来他这几年收了一个得意门生——谭文。谈论间他的得意之色溢于言表，“已得我九成功力”。小谭属于新时代的复合型人才，精通计算机编程，自行钻研了传统技术分析与计算机海量数据模拟测试相结合的分析方式，丛书的写作过程就曾大量使用计算机模拟测试的论证，纠正了许多人力无法克服和发现的错误，使书中的理论更趋完美。谭文大有青出于蓝更胜于蓝之势，真是后生可畏！

“曹氏八线理论”是曹明成与谭文师徒两人多年实战理论研究的结晶，曾被股民朋友冠以“零风险操作理论”。该理论我个人觉得至少有两点值得推崇：一是最大限度地回避了风险；二是几乎不会错过任何一波有价值的行情。炒股不是纸上谈兵，能在实战中真正做到稳定获利的理论才是好理论。

本次为曹明成先生的书作序，特意参加了他的书友会。有一位读者谈论成功经验时的发言让我印象深刻，他说：“曹老师的书，我都读过！”

是的，曹明成先生不会忽悠人，他主笔的丛书更不会忽悠人！读他的书，您一定会有收获！

鉴于此，我愿为此丛书作序，并向全国的广大股民朋友们推荐。

李　华

原湘财证券高层管理人员

现为广东某私募基金总裁

前言

对于任何一个涉足股票市场的投资者来说，分析上市公司的财务指标，是作出正确投资决策的基础，也是巴菲特成功投资的秘诀之一。但许多投资者因为不具备相应的专业知识，不知道怎样去阅读上市公司的财务报告，也不清楚应该如何分析各种财务指标。

一提到财务指标，大部分投资者的第一反应就是，“财务指标分析是一项非常专业的分析方法，要看懂并且明白各种财务指标及其数据的意义，是非常困难的”。其实，这个想法并不正确。对于普通投资者来讲，只要有一本适合的“教材”，再加上足够的信心和勤奋的学习，掌握财务指标分析方法也并非难事。

现在市场上介绍财务报表和财务指标的图书种类繁多，但大多数品种要么侧重于上市公司财务指标的分析，对上市公司的股价变动分析讲解寥寥；要么侧重于上市公司股价变动的分析，对上市公司的财务指标分析一笔带过，使大多数投资者并不能真正掌握用财务指标指导个股投资的技巧。

为了弥补这一不足，笔者将上市公司的财务指标分析与股价分析合理结合，创作了《财务指标解析与实战》。

本书采用简洁、通俗的语言，将复杂的财务数据化为简单的财务指标，同时配合大量的 A 股真实案例，帮助读者理解和掌握，目的是能够给投资者一双辨别真假的慧眼，看透上市公司的内在品质，用简单明了的财务指标揭开上市公司的神秘面纱，帮助投资者在实战中作出正确的投资决策，实现自己的财富梦想。

全书收录了财务分析中的关键指标，分别从企业的偿债能力、营运能力、盈利能力、发展能力等方面进行分析与评价，以发掘个股的真实价值。

本书讲解的财务指标按照由简单到复杂的顺序，层层递进，逐一解析，帮助读者逐步掌握各个财务指标的真正含义。同时，本书也讲解了各个财务指标在实际运用中的操作策略和技巧，内容丰富全面，讲解深刻透彻，并提供了大量的经典案例，使读者能够直观认识财务指标的实战应用方法。

本书既可以满足有一定财务基础的投资者进一步提高财务分析水平的需求，也适合初入股市的普通投资者学习财务分析知识。阅读本书，投资者可以学习和掌握财务分析方法，并运用在资本市场上，以获取投资收益。

为了让读者朋友轻松掌握财务指标的分析内容，笔者在编写过程中投入了大量的时间与精力，竭力使本书具备以下特点：难易适中，容易掌握；内容丰富，实战性强；图文并茂，条理清晰。

本书在编撰过程中借鉴了许多专家、学者的观点，参考了大量的文献和资料。由于采集数据的渠道较多，计算量较大，加之时间仓促，难保其中出现错误与纰漏。欢迎读者朋友将宝贵的意见和建议反馈给笔者，以便笔者在以后的写作中借鉴使用。笔者的邮箱：caomingcheng@yeah.net，微信公众号“操盘手曹明成”，欢迎关注。同时我们也接收大资金的理财合作，欢迎来函交流。

最后，感谢中国宇航出版社的卢珊编辑为本书策划和编写工作付出的辛勤努力！

CONTENTS

目录

第三章 解读企业的营运能力

第四章 解密企业的盈利能力

第五章 透视企业的发展能力

第一章

探秘企业的财务指标

投资者在股市中驰骋搏杀，一般都会分析上市公司的财务报表，进而判断投资的标的是否优良。财务报表是从某一方面来反映企业财务状况的，若单从财务报表中的某一项或某几项数据分析上市公司的投资价值，就会出现“盲人摸象”的结果。那么，是否有一种方法能够解决这个问题呢？这就是本书要讲解的内容。

财务报表不是单独存在的，各报表需要其他报表提供相关的数据支持。财务分析指标则是针对以上各个报表提供的数据进行细致分析的工具，目的是依据会计报表中的相关材料，对上市公司作出较为客观的评价。投资者要想用专业的思路和眼光来分析企业的财务状况，就需要学习财务分析指标。

财务分析指标，就是将企业的营运能力、偿债能力、获利能力和发展能力指标等诸方面纳入一个有机的整体之中，全面地对企业经营状况、财务状况进行揭示和披露，从而对企业经济效益优劣作出准确的评价与判断。

投资者进行财务分析的最终目的，是全方位地了解分析企业的经营财务状况，对企业的财务状况和经营成果有一个“全局性”的评价。

第一节　财务指标的秘密

财务分析指标是指总结和评价企业财务状况和经营成果的相对指标。我国《企业财务通则》中为企业规定的财务指标为：偿债能力指标，主要包括资产负债率、流动比率、速动比率；营运能力指标，主要包括应收账款周转率、存货周转率；盈利能力指标，主要包括资本金利润率、销售利税率（营业收入利税率）、成本费用利润率等。

在财务工作实践中，通过对企业财务状况和经营成果进行解剖和分析，能够对企业经济效益的优劣作出准确的评价与判断。在分析企业财务报表时，投资者选择和运用合适的财务指标对上市企业进行评价与判断，就显得非常重要了。

财务指标是用简明的形式，以数据为语言，传达企业财务信息并说明财务活动的情况和结果。财务指标体系是根据财务分析内容设计的，可以分为外部分析指标体系和内部分析指标体系。

下面对财务分析的外部分析指标体系和内部分析指标体系进行简单的讲解。

一、外部分析指标体系

1. 企业偿债能力分析

企业偿债能力是指企业偿还其债务的能力，通过企业偿债能力分析，能够揭示企业财务风险的大小。按债务偿还期限的长短，可将其分为短期偿债能力与长期偿债能力。

（1）短期偿债能力，是指一个企业以流动资产支付流动负债的能力。

设置该指标对外部信息需要者非常重要，对于企业来讲，该指标也至关重要。短期偿债能力的大小，主要取决于企业营运资金的大小以及资产变现速度的快慢。另外，可动用的银行贷款指标，准备很快变现的长期资产、偿债能力的声誉、未作记录的或有负债、担保责任引起的负债、未决诉讼等，对它也有影响。

短期偿债能力通常设置以下指标：流动比率，速动比率，现金比率。

（2）长期偿债能力，是指企业以资产或劳务支付长期债务的能力。

对长期偿债能力进行分析，是因为企业的利润与其有紧密的联系。分析长期偿债能力时，不能不重视企业的获利能力，这是因为企业的现金流入量最终取决于能够获得的利润，现金流出量最终取决于必须付出的成本。此外，债务与资本的比例也是极其重要的。影响企业长期偿债能力的因素有很多，除资产、负债、所有者权益外，还有长期租赁、担保责任、或有项目等因素。

长期偿债能力指标有：已获利息倍数，资产负债率，产权比率，有形净值债务率。

2. 企业资产运用效率分析

资产运用效率是指对企业总资产或部分资产的运用效率和周转情况作出分析。

企业经营管理的目的在于有效运用各项资产获得最大的利润。利润主要来源于营业收入，企业必须凭借资产、运用资产才能取得营业收入。资产周转速度越快，表示其运用效率越高，利润越大。

企业运用各项资产有无过量投资？有无因设备短缺导致生产不足？有无因资产闲置导致利润降低？凡此种种问题，皆为企业管理者、投资者、债权人及其他相关人士所关切。通过分析资产运用效率，可以评价企业营业收入与各项营运资产是否保持合理关系，考察企业运用各项资产效率的高低。

资产运用效率指标有：存货周转率，应收账款周转率，流动资产周转率，固定资产周转率，总资产周转率。

3. 盈利能力分析

盈利能力分析是指对企业盈利能力和盈利分配情况所作的分析。它是企业财务结构和经营绩效的综合表现。

企业经营的目的，在于使企业盈利且使其经营与规模不断成长与发展。各方信息使用者无不对企业盈利水平寄予莫大的关切。投资者关心企业赚取利润的多少并重视利润分析，是因为他们的投资报酬是从中支付的。如果是上市公司，企业盈利增加还能使股票市价上升，从而使投资者获得资本收益。对于债权人来讲，利润是企业偿债能力的重要来源。政府部门关心的则是微观和宏观的经济效益以及上交各种税费的可靠性。对于企业管理者来讲，可以通过盈利能力分析来评价、判断企业的经营成果，分析变化原因，总结经验教训，不断提高企业获利水平。

盈利能力是企业管理者经营业绩和管理效能的集中表现，同时也是职工工资奖金的重要来源，不断完善集体福利的重要保障。

企业盈利能力分析指标可以从一般企业及上市公司两方面制定。

一般企业盈利能力指标有：销售利润率，成本费用利润率，资产总额利润率，资本金利润率，权益利润率。上市公司除上述指标外，还可借助以下指标：每股盈余，每股股利，市盈率，股东权益报酬率，股利支付率，留存盈利比率。

4. 社会贡献能力分析

社会贡献能力是从国家或社会的角度衡量企业对国家或社会的贡献水平。

企业的目标是追求最大利润，但作为社会主义国家的企业，单纯地、片面地追求企业个体的经济效益是不够的，还必须包括对社会的贡献。对盈利企业可用实现利税来衡量，但对一些主要体现为社会效益的企业来讲，则无法适用。为此设计的社会贡献率、社会积累率，可兼顾反映企业经济效益和社会效益两个方面对国家、社会的贡献情况。

5. 综合财务能力分析

综合财务能力分析是根据企业财务状况和经营情况总体变化的性质、趋势进行的分析。

前述指标多从一个侧面反映企业的财务状况，具有一定的片面性和局限性，有时必须把它们综合在一起，进行系统分析。其指标有杜邦模型中的权益报酬率和计分综合分析法的实际得分值。

二、内部分析指标体系

前述五大类财务指标既可以为企业外部信息需要者使用，也可以为内部信息需要者使用。企业内部指标体系的设置，则主要是为了满足企业内部管理的需要，可以根据企业所在行业的特点和管理的特殊需要灵活设置，其内容相当广泛。一般来说，企业可以从筹资、投资等方面进行设置。

1. 企业筹资分析

在市场经济体制下，企业经营所需资金需要靠企业自己来筹集，这样，筹资分析便成为企业财务分析中的一项重要内容。在筹资分析中，首先要分析企业的资金需要量；其次分析企业未来的财务状况和获利能力；再次分析企业的资金成本和筹资风险；最后确定一个合理的筹资方案并与资金供应者进行协商，使企业筹资活动顺利进行。

企业可设置筹资结构比率、资金成本率等指标。

2. 企业投资分析

企业投资活动首先应进行可行性分析，为投资决策提供依据，这是投资分析的重点；其次应对投资活动进行事中分析，以控制投资规模，提高投资效益；最后对投资活动进行事后分析，以考核投资效果，评价投资业绩，为改善企业今后的投资决策提供依据。企业在投资分析时，一般需考虑货币时间价值、投资的风险价值、资金成本和现金流量等财务因素。

在投资阶段，为考察投资方案的可行性，可设置内含报酬率指标；为考察投资的收益，可设置投资报酬率、投资回收期等指标。

通常来讲，一个健全有效的综合财务分析指标体系必须具备三个基本特点。

（1）指标要素齐全适当。

指标要素的齐全性，意味着设置的评价指标必须能够涵盖公司的获利能力、偿债能力及营运能力诸方面总体考核的要求。

（2）主辅指标功能协调匹配。

主辅指标功能协调匹配是指首先要明晰总体结构中各项指标的主辅地位；

其次，不同范畴的主要考核指标要能从不同侧面、不同层次反映企业经营状况和财务状况，揭示企业的经营理财实绩。

（3）满足以公司为中心的多方位财务信息需要。

满足以公司为中心的多方位财务信息的需要，要求评价指标体系必须能够提供多层次、多角度的信息资料，既能满足公司内部管理当局决策的需要，又能满足外部投资者和政府经济管理机构据以决策和实施宏观调控的要求。

在选择财务指标的时候，一般应该遵循以下几个原则。

第一，贯彻公开性原则。

过去企业财务报表只满足上级主管部门宏观管理的需要，现在必须十分注意企业外部投资者、债权人及其他财务报表使用者的需要。西方发达国家都设有专门机构收集各行业及所有上市公司的财务报表，并对其进行分析。会计信息专门机构也会向社会定期公布上市公司的财务指标，并对其进行分析和评价。

第二，严把指标运算关。

进行对比的各个时期的指标在计算口径上必须一致。如计算存货周转率时，不同时期或不同企业存货计价方法的口径要一致，分子主营业务成本与分母平均存货在时间上要具有对应性，否则就无法进行比较。剔除偶发性项目的影响，使作为分析的数据能反映正常的经营状况，这样指标才能反映出企业本年和上年的财务和经营状况的实际情况。

第三，贯彻相关性原则。

设置企业财务分析指标体系，既能适合使用财务报表各类人员的共同需要，又能为不同的使用人员根据自己的特定用途，选择适宜的财务分析指标。

第四，贯彻可比性和实用性原则。

设置企业财务分析指标体系，必须遵循可比性的原则。通过同一企业不同时期指标的纵向对比，可以预见企业财务状况变化趋势。通过不同行业、地区、企业间指标的横向对比，可以发现企业间存在的差距和问题。所谓实用性原则，就是指标的设置要从实际情况出发，既具有一定科学性，又便于实现电算化。

第五，适当贯彻稳健性原则。

在分析企业的偿债能力、获利能力时，不宜估算过高。在衡量企业经营风险时，不宜低估风险程度。稳健性原则不仅体现在会计处理方法上实行加速折旧，计提坏账准备，而且财务指标的计算方法也可以灵活多样。

第二节　财务指标的缺陷与改进

财务指标并不是完美无缺的，也具有自身的局限性。按照造成财务指标局限性的因素，大体可以将其分为财务指标分析的主观局限性与财务指标分析的客观局限性。

一、财务指标分析的主观局限性

财务指标体系是为了帮助财务报表的使用者更好地了解、掌握一个企业的生产经营情况。但由于财务报表是由企业财务人员根据有关法规、制度、准则等编制的，不可避免地会出现一些人为的差错和失误，甚至恶意隐瞒，直接影响分析的结果。

下面对这些因素进行一些具体分析。

1. 分析者分析能力的局限性

企业财务报表的分析与评价通常是由报表分析者完成的。然而，不同财务分析人员对财务报表的认识度、解读力与判断力，以及掌握财务分析理论和方法的深度和广度等各方面存在差异，理解财务分析计算指标的结果就有所不同。如果分析者缺乏实践经验，就很可能出现理解上的偏差，这样必然会影响财务指标的分析结果。

2. 分析者有意操纵财务指标的行为

财务报表数据的信息质量受制于企业管理当局的职业道德。众所周知，企业就是为了盈利。然而，盈利的方法和途径却是多种多样的。有的企业通过正当的经营来谋取利润，也有企业通过其他的操作来谋取利益。

二、财务指标分析的客观局限性

在实际经营过程中，常用的指标主要是评价企业的短期偿债能力和企业收益能力。下面对这些指标的局限性进行简要的分析。

1. 短期偿债能力指标的局限性

企业短期偿债能力是指企业在短期债务到期前资产可以变现用于偿还流动负债的能力。短期偿债能力指标有流动比率和速动比率指标。由于流动资产一般在短期内能够转化为现金，所以用流动比率和速动比率反映企业短期偿债能力具有一定的合理性。

然而，若单纯根据这两个比率指标对企业短期偿债能力作出判断，难免有失偏颇，这也是短期偿债能力固有的缺陷。

2. 收益能力等重要财务指标的局限性

对于上市公司来说，最重要的财务指标是每股收益、每股净资产和净资产收益率，但人们在使用这几个财务指标时，也应注意其存在局限性。

（1）每股收益的局限性。

每股收益＝本年度净利润 ÷ 年末普通股份总数

它表明普通股在本年度所获的利润，是衡量公司盈利能力的一个重要的比率指标。

在计算这个比率时，分子是本年度的净利润，分母是年末普通股份总数。一个是时期指标，一个是时点指标，分子、分母的计算口径不完全一致。每股收益不能反映公司经营风险的大小，在收益增加的同时，风险往往是随之增加的。

（2）每股净资产的局限性。

每股净资产＝年度末股东权益（或期末净资产）÷ 年度末普通股数

它表示发行在外的普通股每一股份所代表的股东权益或账面权益。

在投资者进行投资分析时，只能有限地使用这个指标，因其是用历史成本计量的，既不反映净资产的变现价值，也不反映净资产的产出能力。

（3）净资产收益率的局限性。

该指标是用来反映所有者权益的收益水平的，其计算公式有两种形式。一种是：净资产收益率＝净利润 ÷ 年末股东权益；另一种是：净资产收益率＝净利润 ÷ 平均净资产。

为了提高计算结果的准确性，应以净资产的加权平均数作为计算依据，但这样又过于复杂。从简化计算的角度考虑，分母用年初和年末净资产的平均值，同分子的当年净利润相比较，似乎更为合理。

（4）财务指标的辨证关系。

投资者在运用财务指标时，还应注意财务指标中存在的辨证关系，即正指标并非越大越好，反指标并非越小越好。

比如，企业的速动比率是正指标，本应越大越好，但一般认为速动比率为 1 时是安全标准。如果速动比率小于 1，企业会面临很大的偿债风险；如果速动比率大于 1，尽管债务偿还的安全性很高，但会因企业现金及应收账款资金占用过多，大大增加企业的机会成本，使企业错过很多发展机会。从长期的角度来看，不利于企业的发展壮大。

在前面的内容中，为大家介绍了财务指标的局限性。接下来对财务指标的改进进行一下简单的探讨。

对财务指标分析的改进主要有以下几点。

第一，偿债能力指标分析的改进。

出于会计准则谨慎性的要求，一般在分析时，只关注企业某一时点的偿债能力，没有动态考察企业的发展情况及其融资能力，这样难免会遗漏目前处于困境但未来却有良好发展前景的企业。因此，在分析时要实时关注企业的最新动态，调整相关数据。

第二，营运能力指标分析的改进。

根据每季度企业的实际情况来分配权重，最后加权平均来表示一年中对应的资产情况，用以计算相应的营运指标。

第三，盈利能力指标分析的改进。

由于会计分期假设的原因，应该从收入费用配比的情况入手，有必要从当期收入取得的原因分析出发，用当期收入取得的相关成本费用概念来代替当期全部成本费用进行财务分析。

第四，发展能力指标分析的改进。

因为现行企业财务管理的目标是企业价值最大化，因此企业发展能力分析的核心就是企业价值的增长。企业的发展应该是在资产规模扩大的同时，留存收益稳步提高，同时又能成功地回避风险，最终必须体现价值的增长上去。鉴于指标容易被操纵，因此在使用的过程中，要结合其他指标来判断，同时可以考虑使用经济利润增长率指标来进行分析。

财务指标分析的最终目的在于全方位地了解企业的经营情况，通过灵活运用这些财务指标，通过指标的变形和分解等方法，找到企业经营的薄弱环节并藉以对企业经济效益的优劣作出系统的、合理的评价。

近年来，国内外不少大中型企业因内部审计的管理漏洞，出现了像英国巴林银行倒闭等丑闻，使企业受到重大损失，给内审管理留下了深刻的教训。因此，加强内审控制已是建立现代企业机制的必然选择。

为了使投资者更好地利用财务指标分析企业的优劣情况，在进行投资决策时更加合理准确，接下来对财务指标与内部审计进行简单的介绍。

财务指标分析的内容主要有以下几个方面。

（1）偿债能力分析：包括短期偿债能力分析和长期偿债能力分析。

（2）营运能力分析：是指通过计算企业资金周转的有关指标，分析其资产利用效率，是对企业管理层管理水平和资产运用能力的分析。

（3）盈利能力分析：盈利能力就是企业资金增值的能力，通常体现为企业收益数额的大小与水平的高低。企业盈利能力分析可从一般分析和社会贡献能力分析两方面进行研究。

（4）发展能力分析：发展能力是企业在生存的基础上扩大规模，壮大实力的潜在能力。

实行内部审计制度，是建立现代企业制度的内在要求。内部审计是现代企业制度的有机部分，要确保公司治理有效性最终得以实现，就必须实施强有力的内部控制和内部审计机制。新企业会计准则要求财务人员提高素质，真实反映和披露会计信息。如果不按规定处理，就可能出现虚报收入和利润的现象。为了维护企业会计信息的真实性和完整性，应该加强内部审计控制。

目前企业内审管理中存在以下几个问题。

第一，企业管理者对内部审计的意义认识不足。一方面，部分企业负责人认为内部审计是检查内部经济问题，有了财务就可以替代。另一方面，经营者认为内部审计是找麻烦，限制了经营自主权，削弱了自己的权威。

第二，法律规定不明确，内审机构不健全，设置不合理。部分企业把内审与财务科合并，称为内审计财科，财务科隶属主管财务经理或总会计师领导，缺乏独立地位。有的不设审计机构和人员，使内部审计流于形式。

第三，审计人员素质不高。目前许多企业审计人员都是从会计岗位转行过来的，缺乏必要的审计专业知识。特别是后续培训跟不上企业发展的形势，审计方法简单，手段落后，审计报告质量欠佳，审计建议可操作性不强。

完善内审法规，建立适应现代企业机制的内审制度，应根据《会计法》和《独立审计基本准则》等法规和文件，尽快完善单位内审规章和制度，以法律规章明确内部审计的地位和责任。内审制度既要符合国家有关法律法规及单位的实际，也应随着内外部环境的变化和管理要求的提高不断修订和完善，使内部审计纳入规范化、制度化的轨道。

财务工作实践中，通过对企业财务状况和经营成果进行解剖和分析，能够对企业经济效益的优劣作出准确的评价与判定，作为评价与判定标准的财务指标的选择和运用尤为重要。

财务指标的选择和运用主要依据以下标准。

（1）根据企业选择指标。一般来讲，跨国公司、大型企业、母公司或决策者需要综合性分析的指标，可运用杜邦分析、沃尔比重评分法，将指标综合起来进行分析。一个指标内含企业的偿债、营运、盈利等多方信息。

（2）严把指标运算关。会计电算化普及后，财务指标数据由计算机自动生成，许多指标的计算过程被忽略。若指标波动大，计算生成的结果就不准确。所以，要了解指标生成的运算过程。

（3）运用公认科学的标准。财务分析过程需要运用公认科学的标准尺度，对当期指标进行评价。

（4）用多种方法来分析。对同期指标注重运用绝对值比较和相对值比较，正指标与反指标的多方位比较，可以从不同角度观察企业的财务和经营状况，恰当选用指标间的勾稽关系。

运用多种方法来分析还需要注意一般分析与重点分析相结合，从一般分析中找出变化大的指标，应用例外原则，对某项有显著变动的指标作重点分析，研究其产生的原因，以便采取对策，对症下药。采取构成比率、效率比率、相关比率等多种分析方法时，计算比率的子项和母项必须具有相关性。

在构成比率指标中，部分指标必须是总体指标的子项；在效率比率指标中，投入与产出必须有因果关系。如主营业务利润率是主营业务利润与主营业务收入的比，不可用利润总额与主营业务收入比。在相关比率指标中，两个对比指标必须反映经济活动的关联性。如流动比率是流动资产与流动负债的比率，不可用长期与流动指标互比。

运用因素分析法应注重以下要点。

第一，因素分解的关联性。构成经济指标的因素要能够反映形成该指标差异的内在构成原因。

第二，因素替代的顺序性。否则会得出不同的计算结果。

第三，顺序替代的连环性。只有保持计算程序上的连环性，才能使各个因素影响之和等于分析指标变动的差异。如材料费用变动差异由产品产量、单位产品材料消耗量、材料单价三个因素变动影响构成。替代顺序要按以上顺序用实际量替代计划量。

第四，计算结果的假定性。因替代顺序影响替代结果，因此，计算结果需建立在假设的前提下。合乎逻辑、有实际经济意义的假定，才能体现分析的有效性。如上例因素假设是建立在由内因到外因影响的基础上，且材料费用变动差异额已确定。

第三节 杜邦财报分析体系

在前面的内容里，分别对财务指标的分类、特征、选择原则及优缺点进行了简单的介绍。接下来对财务指标中的杜邦分析体系进行介绍。

杜邦分析体系又称为杜邦分析法，简称杜邦体系，该体系利用各主要财务比率指标间的内在联系，对企业财务状况及经济效益进行综合系统地分析评价。

该体系是由美国杜邦公司提出的一种财务分析方法。其基本原理是将财务指标作为一个系统，将财务分析与评价作为一个系统工程，全面评价企业的偿债能力、营运能力、盈利能力及相互之间的关系。

杜邦分析体系是从财务角度评价企业绩效的一种经典方法。杜邦分析体系有助于企业管理层更加清晰地看到权益资本收益率的决定因素，以及销售净利润率与总资产周转率、债务比率之间的相互关联，给管理层提供一张明晰的考察公司资产管理效率和是否最大化股东投资回报的路线图。

杜邦分析体系在全面财务分析的基础上进行全面的财务评价，使评价者对企业的财务状况有深入而且相互关联的认识，进而有效地进行财务决策。该体系的特点是以净资产收益率为龙头，以资产净利率和权益乘数为核心，重点揭示企业获利能力及权益乘数对净资产收益率的影响，将偿债能力、资产营运能力、盈利能力有机结合起来，层层分解，逐步深入，构成了一个完整的分析系统，全面、系统、直观地反映了企业的财务状况。

如果只用一个指标来衡量企业的优劣，净资产收益率是一个不错的选择。净资产收益率也就是股东每投入一元资本在某一年里赚取的利润，这个数值当然越高越好。那么，提高净资产收益率无非是提高净利润或者减少净资产，但这都太过笼统，不宜付诸实践。

在这种情况下，杜邦公司开创性地提出了一种全新的思路，那就是寻找净资产收益率的驱动因素。通过简单的因式分解，就得到了传统的杜邦公式，即净资产收益率＝销售净利率 × 总资产周转率 × 权益乘数。三个驱动因素中，销售净利率是利润表的总结，代表了企业的盈利能力；总资产周转次数是资产负债表的概括，反映了企业的营运能力；权益乘数是资产负债表的概括，代表了企业的财务状况。

有了杜邦公式，就容易分清企业的优势和劣势，找出股东回报率低的原因，然后对症下药。比如，如果销售净利率比较低，说明公司的盈利能力不强。如果总资产周转次数很高，说明企业的营运能力很强，产品从销售到收回现金的时间较短，产品属于薄利多销型。如果销售净利率比较高，说明盈利能力很强。如果总资产周转次数很低，说明企业的营运能力很弱，产品从销售到收回现金的时间较长，产品属于厚利少销型。如果权益乘数较低，说明企业没有充分利用财务杠杆的作用，因为权益乘数＝ 1+ 负债 ÷ 股东权益，这个时候增加借款会提高权益净利率。但权益乘数的提高不是无限制的，负债一多，企业的财务风险就会增加，因为每年需要偿还大量的固定利息。公司的资产负债率一高，再借款时利率就会很高，有可能会超过公司资产的收益率，这时再增加借款就得不偿失了。

下面以表格的形式来揭示杜邦财务分析体系包含的各个财务指标的关系。

杜邦分析体系作为一种财务分析方法，具有一定的运用思路。投资者在运用杜邦财务分析体系时，应注意按照以下思路进行分析判断。

（1）杜邦体系以净资产收益率为龙头，以总资产利润率为核心，重点揭示企业获利能力及其前因后果。

（2）资产净利率是影响权益净利率最重要的指标，该指标具有很强的综合性，而资产净利率又取决于销售净利率和总资产周转率的高低。

总资产周转率反映了总资产的周转速度。对资产周转率的分析，需要对影响资产周转的各因素进行分析，以判断影响公司资产周转的主要问题在哪

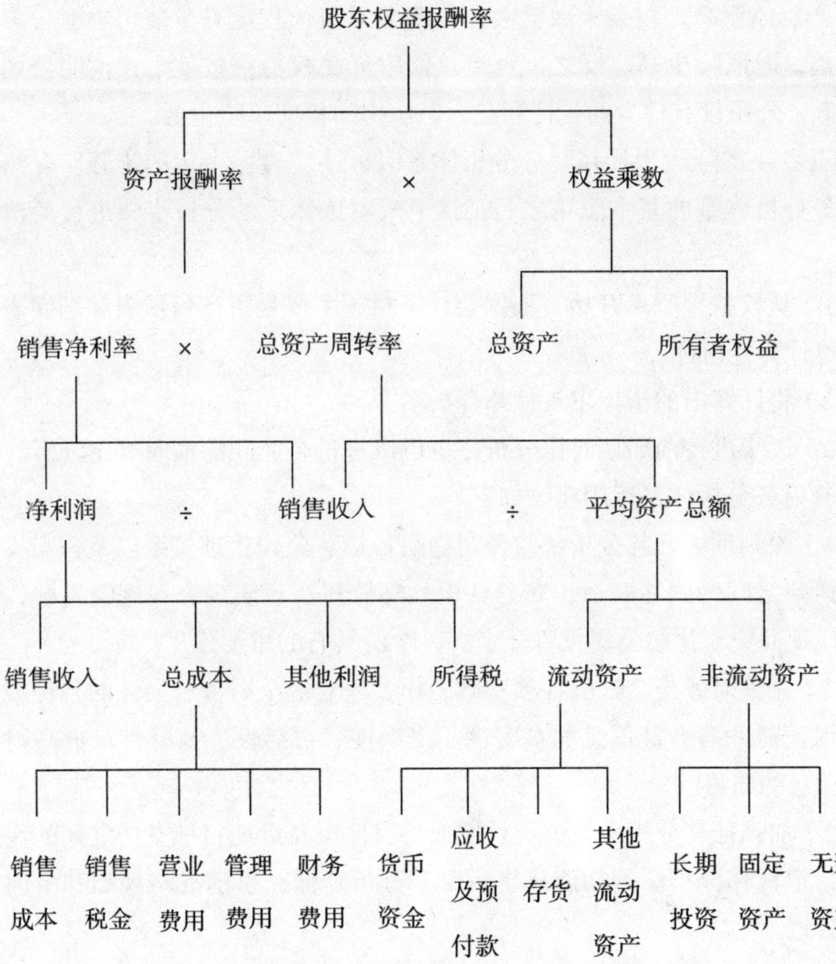

图 1–1　杜邦财务分析体系

里。销售净利率反映销售收入的收益水平。扩大销售收入，降低成本费用，是提高企业销售利润率的根本途径，而扩大销售同时也是提高资产周转率的必要条件和途径。

（3）权益乘数表示企业的负债程度，反映了公司利用财务杠杆进行经营活动的程度。

资产负债率高，权益乘数就大，说明公司负债程度高，公司会有较多的杠杆利益，但风险也高。反之，资产负债率低，权益乘数就小，说明公司负债程度低，公司只有较少的杠杆利益，但承担的相应风险也低。

投资者在实际运用杜邦财务分析体系时，还应遵循一定的步骤。介绍完杜邦财务分析体系的基本思路之后，接下来对该体系的分析步骤进行简单的介绍。

（1）从权益报酬率开始，根据会计资料（主要是资产负债表和利润表）逐步分解计算各指标。

（2）将计算出的指标填入杜邦分析图。

（3）逐步进行前后期对比分析，也可以进行企业间的横向对比分析。

杜邦财务分析体系运用建议如下。

（1）深刻理解杜邦分析法与公司理财目标、公司代理关系以及公司投资金字塔风险之间的内在联系。充分认识杜邦分析法对实现公司理财目标，缓解公司代理冲突，化解公司投资金字塔风险所具有的重要作用。

（2）完善财务与会计的各项基础工作，建立健全财务与会计的各种规章制度，保证财务与会计信息的真实性、完整性、可靠性、及时性，提高财务与会计信息的质量。

（3）加强杜邦分析法与公司长期战略目标以及近期目标责任之间的沟通和联系，把杜邦分析法的功能从事后财务分析延伸到事前战略规划和事前目标责任管理。

（4）注意杜邦分析系统中各项财务指标的递进影响关系和动态发展趋势。根据这种递进影响关系来平衡影响某一财务指标变动的各个要素之间的关系，使之协调发展。

（5）根据这种动态发展趋势观测公司近期目标责任的落实情况和长期战略目标的实施情况，并适时对之进行合理的调整，使近期目标责任和长期战略目标之间形成一个和谐、统一、相互支持、相互促进、共同实现的经营管理目标体系。

杜邦分析体系中的几种主要的财务指标关系为：

净资产收益率＝总资产净利率 × 权益乘数＝销售净利率 × 总资产周转率 × 权益乘数

其中：销售净利率＝净利润 ÷ 销售收入

总资产周转率＝销售收入 ÷ 平均资产总额

权益乘数＝资产总额 ÷ 所有者权益总额＝ 1 ÷（1+ 资产负债率）＝ 1+ 产权比率

在具体运用杜邦体系进行分析时，可以采用因素分析法，首先确定营业净利率、总资产周转率和权益乘数的基准值，然后顺次代入这三个指标的实际值，分别计算分析这三个指标的变动对净资产收益率的影响方向和程度。

从企业绩效评价的角度来看，杜邦分析法只包括财务方面的信息，不能全面反映企业的实力。分析者在实际运用中，必须结合企业的其他信息加以分析。其局限性主要表现在以下方面。

（1）对短期财务结果过分重视，有可能助长公司管理层的短期行为，忽略企业长期的价值创造。

（2）财务指标反映的是企业过去的经营业绩，衡量工业时代的企业能够满足要求，但在目前的信息时代，顾客、供应商、雇员、技术创新等因素对企业经营业绩的影响越来越大，杜邦分析法在这些方面是无能为力的。

（3）在目前的市场环境中，企业的无形知识资产对提高企业长期竞争力至关重要，杜邦分析法却不能解决无形资产的估值问题。

杜邦分析法是运用非常广泛的财务分析体系，下面就其广泛运用的原因进行分析。

（1）该体系符合公司的理财目标。

关于公司的理财目标，欧美国家的主流观点是股东财富最大化。但是，日本等亚洲国家的主流观点是公司各个利益群体的利益有效兼顾。

在我国，公司的理财目标经历了几个发展时期，每一个时期都有它的主流观点。计划经济时期，产值最大化是公司的理财目标，改革开放初期，利润最大化是公司的理财目标。计划经济向市场经济转轨时期，有人坚持认为利润最大化仍然是公司的理财目标，有人则提出所有者权益最大化是公司的理财目标，但也有人提出公司价值最大化才是公司的理财目标。

我们认为，我国公司的理财目标应该是投资人、债权人、经营者、政府和社会公众这五个利益群体的利益互相兼顾。在法律和道德的框架内，使各方利益共同达到最大化，有利于企业的壮大和发展。任何一方利益遭到损害，都不利于公司的可持续发展，也不利于最终实现股东财富的最大化。只有各方利益得到有效兼顾，公司才能在持续稳定的环境下进行日常经营活动，公司才能够持续稳定协调地发展，才能最终实现包括股东财富在内的各方利益最大化。

这是一种很严密的逻辑关系，反映了各方利益与公司发展之间相互促进、相互制约、相辅相成的内在联系。

从股东财富最大化这个理财目标，不难看出杜邦公司把股东权益收益率作为杜邦分析法核心指标的原因所在。在美国，股东财富最大化是公司的理财目标，而股东权益收益率又是反映股东财富增值水平最为敏感的内部财务指标，所以杜邦公司在设计和运用这种分析方法时，就把股东权益收益率作为分析的核心指标。

（2）有利于委托代理关系。

广义的委托代理关系是指财产拥有人包括投资人和债权人等，将自己合法拥有的财产委托给经营者依法经营，由此形成的包含双方权责利关系在内的一种法律关系。狭义的委托代理关系仅指投资人与经营者之间的权责利关系。杜邦分析法能够得到广泛运用，其中一个很重要的原因，就是它很好地解决了委托代理关系之间的冲突，缓解了其紧张关系，其作用主要表现在以下方面。

首先，由于存在委托代理关系，无论是在法律上还是在道义上，经营者都应该优先考虑股东的利益，这一点与企业股东或投资者的立场是一致的。

其次，由于存在委托代理关系，委托人、投资人、股东和代理人、经营者之间必然会发生一定程度的委托代理冲突，为了尽量缓解这种委托代理冲突，委托人和代理人之间就会建立起一种有效的激励与约束机制，将经营者的收入与股东利益挂起钩来。

再次，在股东利益最大化的同时，也能实现经营者的利益最大化，在这种机制的影响下，经营者必然会主动地去关心股东权益收益率及其相关的财务指标。

第四节 沃尔综合评分法

在进行财务综合分析时，投资者遇到的一个主要困难就是计算出财务比率后，无法判断它是偏高还是偏低。如果采用比较分析法，与本企业的历史比较，只能看出自身的变化，却难以评价其在市场竞争中的优劣地位。为了弥补这些缺陷，亚历山大·沃尔提出了沃尔综合评分法。

1928年，亚历山大·沃尔（Alexander Wole）出版的《信用晴雨表研究》和《财务报表比率分析》中，提出了信用能力指数的概念。他选择了7个财务比率，即流动比率、产权比率、固定资产比率、存货周转率、应收账款周转率、固定资产周转率和自有资金周转率，分别给定各指标的比重，然后确定标准比率（以行业平均数为基础），将实际比率与标准比率相比，得出相对比率，将此相对比率与各指标比重相乘，得出总评分。

沃尔综合评分法将选定的财务比率用线性关系结合起来，并分别给定各自的分数比重，然后通过与标准比率进行比较，确定各项指标的得分及总体指标的累计分数，从而对企业的信用水平作出评价。

沃尔评分法的原理如下。

（1）把若干个财务比率用线性关系结合起来。

（2）对选中的财务比率给定其在总评价中的比重（比重总和为100），然后确定标准比率，并与实际比率相比较，评出每项指标的得分，最后得出总评分。

沃尔比重评分法的基本步骤如下。

（1）选择评价指标并分配指标权重。

盈利能力指标：资产净利率、销售净利率、净值报酬率。

偿债能力指标：自有资本比率、流动比率、应收账款周转率、存货周转率。

发展能力指标：销售增长率、净利增长率、资产增长率。

按重要程度确定各项比率指标的评分值，评分值之和为 100。

三类指标的评分值约为 5:3:2。盈利能力指标三者的比例约为 2:2:1，偿债能力指标和发展能力指标中，各项具体指标的重要性大体相当。

（2）确定各项比率指标的标准值，即该指标在企业现时条件下的最优值。财务指标的标准值可以采用行业平均值、企业的历史先进数、国家有关标准或国际公认的基准等。

（3）计算企业在一定时期各项比率指标的实际值。

资产净利率＝净利润 ÷ 资产总额 ×100%

销售净利率＝净利润 ÷ 销售收入 ×100%

净值报酬率＝净利润 ÷ 净资产 ×100%

自有资本比率＝净资产 ÷ 资产总额 ×100%

流动比率＝流动资产 ÷ 流动负债

应收账款周转率＝赊销净额 ÷ 平均应收账款余额

存货周转率＝产品销售成本 ÷ 平均存货成本

销售增长率＝销售增长额 ÷ 基期销售额 ×100%

净利增长率＝净利增加额 ÷ 基期净利 ×100%

资产增长率＝资产增加额 ÷ 基期资产总额 ×100%

（4）形成评价结果。将各项比率指标的指数相加，最后得出企业的综合指数，即可以判断企业财务状况的优劣。

沃尔综合评分法简单举例如下。

第一步，先选择评价指标并分配指标权重，具体见表 1-1。

表 1–1　沃尔综合评分法权重分配表

行次	选择的指标	分配的权重
第一行	流动比率	18.00
第二行	产权比率	12.00
第三行	固定资产比率	10.00
第四行	存货周转率	18.00
第五行	应收账款周转率	18.00
第六行	固定资产周转率	12.00
第七行	净资产增长率	12.00
第八行	合计	100.00

第二步，确定各个指标的标准值，具体见表 1–2。

表 1–2　沃尔综合评分法各指标标准值

行次	选择的指标	分配的权重
第一行	流动比率	1.80
第二行	产权比率	40.00
第三行	固定资产比率	0.60
第四行	存货周转率	6.00
第五行	应收账款周转率	12.00
第六行	固定资产周转率	4.00
第七行	净资产增长率	2.00

第三步，计算出各指标的实际值，并与确定的标准值进行比较，计算一个相对比率。将各项指标的相对比率与其重要性权数相乘，得出各项比率指标的指数，具体见表 1–3。

表 1–3 沃尔综合评分法各指标实际值计算表

行次	选择的指标	①分配的权重	②指标的标准值	③指标的实际值	④实际得分 ④=①×（③÷②）
第一行	流动比率	18.00	1.80	1.91	19.10
第二行	产权比率	12.00	40.00	36.66	11.00
第三行	固定资产比率	10.00	0.60	0.58	9.67
第四行	存货周转率	18.00	6.00	5.45	16.35
第五行	应收账款周转率	18.00	12.00	10.35	15.53
第六行	固定资产周转率	12.00	4.00	4.74	14.22
第七行	净资产增长率	12.00	2.00	1.96	11.76
第八行	合计	100.00			97.63

第四步，计算出本期企业的综合指标，并作出适当评价。

上述四步，就是原始的沃尔综合评分法的综合分析过程。从举例结果来看，本期上述企业的综合得分小于 100 分，说明企业的财务状况有待提高。

原始的沃尔综合评分法存在缺陷。从前面的分析可以看出，原始的沃尔综合评分法在一些细节上缺乏权威说服力，具体表现如下。

（1）初期建立并使用沃尔综合评分法的沃尔和邓宁两位教授，并未说明为什么要选择流动比率、产权比率、固定资产比率、存货周转率等七项指标，而不是更多或更少些，或者选择别的财务比率，也未能说明每个指标所占比重的合理性。

（2）在使用原始的沃尔综合评分法过程中，当某一个指标严重异常时，会对总的评分产生不合逻辑的重大影响。

沃尔综合评分法的改进方法如下。

与沃尔的时代相比，现代社会已经发生了很大变化。沃尔最初提出的七项指标，已经难以适应当前对企业评价的需要。依据现代不同报表使用者对财务信息需求的关注点，沿用沃尔分析法的原理，对选取的指标进行重新选择，形成了新的沃尔分析体系。

现在一般认为，在选择指标时，偿债能力、营运能力、盈利能力及发展能力指标均应在权数范围内。除此之外，还应该适当选取一些非财务指标作为参考。

（1）现代社会沃尔综合评分法指标选取的原则。

重要性权数是指一项指标的评分值，故又称“标准评分值”，是由该项指标在沃尔指标体系中的重要性决定的。

重要性权数按其重要程度可分为三类，分别为最重要、较重要和一般重要。在进行分析时，这三类指标之间可按45:35:20的比重进行分配。

第一类，最重要的是收益性指标，其评分值应占45分左右。

收益性是指企业的盈利能力，它是企业经营活动的主要目的，也是企业发展的客观要求和基本素质的标志。

收益性指标主要有各种利润率，如销售利润率、总资产报酬率、资本收益率，以及人均利润率、利润额等。

第二类，较重要的是稳定性指标，其评分值应占35分左右。

稳定性也称企业的安全性，主要指企业的偿债能力和营运能力。它是企业生存和发展的基本条件，也是企业必备的素质之一。偿债能力是企业安全程度和财务风险大小的标志。与此类因素相关的指标主要有资产负债率（或产权比率）、流动（或速动）比率等。营运能力是反映企业生产经营活动强弱，说明资产周转快慢及资金节约、浪费的指标。

主要指标有应收账款周转率、存货周转率、流动资产周转率、总资产周转率等。

第三类，一般重要的是增长性指标和其他指标，其评分值应占 20 分左右。

增长性是指企业的发展能力，它是保持企业活力的物质基础。

主要指标有利润增长率、营业收入（或产值、产量）增长率、劳动效率、附加值率、资本保值增值率等。

其他指标，是指根据评价需要设置的其他指标。

（2）国内关于沃尔综合评分法指标的规范介绍。

具体到我国的情况，财政部曾于 1995 年 1 月 9 日发布《企业经济效益评价指标体系（试行）》，公布了销售利润率、总资产周转率、资本收益率、资本保值增值率、资产负债率、流动或速动比率、应收账款周转率、存货周转率、社会贡献率和社会积累率 10 项考核指标，要求选择一批企业采用沃尔综合评分法，按照新的指标进行经济效益综合评价。

这套企业经济效益评价指标体系总和评分的一般方法及内容如下。

（1）所有指标均以行业平均先进水平为标准值。

（2）标准值的重要性权数总和为 100 分，其具体分配如表 1–4 所示。

表 1–4　财政部关于沃尔综合评分法权重分配表

第一行	销售利润率	15
第二行	总资产报酬率	15
第三行	资本收益率	15
第四行	资本保值增值率	10
第五行	资产负债率	5
第六行	流动比率（或速动比率）	5
第七行	应收账款周转率	5
第八行	存货周转率	5

（续表）

第九行	社会贡献率	10
第十行	社会积累率	15
第十一行	合计	100

（3）在经济效益综合分析评价时，选择的各项经济效益指标在评价标准上应尽量保持方向的一致性，尽量选择正指标，不要选择逆指标。在选择的各项指标为正指数时，单项指数越高越好。

财政部颁布的这套评价指标体系中，8个为正指标，另有两个指标中，资产负债率为逆指标，流动比率（或速动比率）既不是正指标，也不是逆指标。因为标准值具有约束性，即大于或小于标准值都不好，其单项指数最高为1或表示为100%。

沃尔评分法最主要的贡献就是它将互不关联的财务指标按照权重予以综合联动，使得综合评价成为可能，投资者可以更加方便地分析企业的信用水平。

尽管沃尔的评价方法在理论上还有待证明，在技术上也不完善，但它还是在实践中被应用。耐人寻味的是，很多理论上相当完善的经济计量模型，在实践中往往很难应用，企业实际使用并行之有效的模型，却又在理论上无法证明。这可能是人类对经济变量之间数量关系的认识还相当肤浅造成的。

第二章
分析企业的偿债能力

在分析一家公司的财务状况时，投资者首先要关注其偿债能力。企业只有在保证财务安全之后，才能有进一步的发展。

企业的偿债能力，是指企业偿还到期债务（包含本金及利息）的能力。能否及时偿还到期债务，是反映企业财务状况好坏的重要标志。分析者通过对偿债能力的分析，可以考察企业持续经营的能力和风险，有助于对企业未来收益进行预测。

企业的偿债能力，从静态方面讲，就是用企业资产清偿企业债务的能力。从动态的方面讲，就是用企业资产和经营过程创造的收益偿还债务的能力。企业有无现金支付能力和偿债能力，是企业能否健康发展的关键因素，所以，企业偿债能力分析是企业财务分析的重要组成部分。

企业的偿债能力包括短期偿债能力和长期偿债能力两个方面。短期偿债能力是指企业以流动资产对流动负债及时足额偿还的保证程度，即企业以流动资产偿还流动负债的能力，反映企业偿付日常到期债务的能力，是衡量企业当前财务能力，特别是流动资产变现能力的重要指标。长期偿债能力是指企业偿还长期负债的能力，企业的长期负债主要包括长期借款、应付债券、长期应付款、专业应付款、预计负债等。

反映企业偿债能力的指标，主要有流动比率、速动比率、资产负债率、股东权益比率和权益乘数等。

第一节　流动比率

流动比率是企业的流动资产与流动负债的比率，用来衡量企业流动资产在短期债务到期以前，可以变为现金用于偿还负债的能力。一般情况下，这两个比率越高，说明企业资产的变现能力越强，企业短期内偿债能力也越强，反之则越弱。

传统理论认为，企业的流动比率应在 2 以上。流动比率为 2，表示流动资产是流动负债的两倍，即使流动资产有一半在短期内不能变现，企业也能保证全部的流动负债到期得到偿还。

需要注意的是，流动比率高的企业偿还短期债务的能力并不一定就很强，因为流动资产之中虽然现金、有价证券、应收账款等变现能力很强，但是存货、待摊费用等也属于流动资产项目，这些项目的变现时间较长。另外，流动比率过高，即企业的流动资产相对于流动负债太多，则可能是由于企业存货出现积压，也可能是企业持有的现金太多，或者两者兼而有之。企业存货积压，说明企业经营不善，产品可能存在问题。持有现金太多，则说明企业不善于理财，资金利用效率较低。

流动比率作为判断企业财务状况的重要指标，应当保持在一个适当的幅度。不仅要保证企业的短期偿债能力有充足的保障，增加投资者的投资信心，而且也应适当地占用资金，保持流动资产的周转速度，充分发挥资金的使用效率，进而促进企业的长期生产经营。当然，不同行业经营情况是不同的，其流动比率的正常标准也会有所不同，投资者应结合具体行业进行分析。

一、指标解析

流动比率是比较常用的财务指标，用于测量企业偿还短期债务的能力，其计算数据来自于资产负债表。一般来说，企业的流动比率越高，其偿还短期债务的能力越强。

流动比率的计算公式如下。

流动比率＝流动资产 ÷ 流动负债

流动资产是指企业可以在一年或者超过一年的一个营业周期内变现或者运用的资产，一般包括现金、应收账款、有价证券、存货等，该数值一般在资产负债表列示。

流动负债是指需在一年或者超过一年的一个营业周期内偿还的债务，包括短期借款、应付票据、应付账款、预收账款、应付工资等，该数值一般在资产负债表列示。

下面举例来简单说明流动比率这一指标，以便投资者加深对该指标的理解。

某上市公司2014年期末流动资产为2050万元，期末流动负债为1000万元，则该公司2017年度的流动比率计算如下。

流动比率＝ 2050 ÷ 1000 ＝ 2.05

一般来说，流动比率越高，企业偿还短期债务的能力越强。但是，同一企业不同时期相同的流动比率，以及不同企业同一时期相同的流动比率，其短期偿债能力未必相同，这是因为在计算流动比率时，没有考虑流动资产和流动负债的内容结构。流动资产与流动负债有较多的不确定因素，都会影响企业实际的短期偿债能力。

二、股市实战法则

流动比率与资产负债率相类似，对上市公司股价的影响是间接的，但在特殊情况下，也会对股价产生直接的影响。当上市公司的流动比率出现严重失调，资金链出现问题，进而影响企业的正常运营时，就会导致股价出现大幅波动。投资者在实际交易中应规避此类风险。

投资者可以依据流动比率的异常现象寻找“黑马”股。当某一上市公司的流动比率出现异常时，投资者可以结合其他指标和表外信息进行综合判断，看企业经营策略是否发生转变，或者是否有资产重组或资金注入等方面的可能。若其股价在成交量的配合下已经出现向上的方向性转变，则可以考虑介入。

若上市公司在同行业中保持相对较低的流动比率，同时在行业中起到龙头作用，那么这类个股一般会给投资者带来较稳定的收益，稳健的投资者可以选择这些个股进行长期投资。如果公司在同行业中不具有举足轻重的地位，或者行业竞争激烈，流动比率长时间处于较低水准，则说明企业可能存在流动性风险，投资者应规避这类投资标的。

投资者可以利用流动比率判断个股的风险程度，因为流动比率主要用于判断企业的短期偿债能力。如果上市公司的流动比率出现失调，会直接影响企业的正常经营，增加企业经营的不确定性。这样不仅从消息面上会使股价产生波动，而且也会影响企业的盈利能力，进而压制股价的长期走势。

三、实战案例分析

下面以保千里（600074）为例，利用该公司的流动比率指标，来分析该股的投资价值与投资风险。

1. 财务数据分析

表 2–1　财务数据统计表

期间	流动资产	流动负债	流动比率
2007 年	16.9 亿元	34.1 亿元	0.5
2008 年	5.93 亿元	4.56 亿元	1.3
2009 年	5.9 亿元	2.65 亿元	2.22
2010 年	7 亿元	10.5 亿元	0.67
2011 年	7.09 亿元	12.1 亿元	0.59
2012 年	4.78 亿元	21.4 亿元	0.22
2013 年	3.81 亿元	9.02 亿元	0.42
2014 年	6.91 亿元	4.24 亿元	1.63
2015 年	20.6 亿元	12.2 亿元	1.69
2016 年	64.0 亿元	34.2 亿元	1.87

根据保千里（600074）2007年到2016年的年度财务报告，可以分别获得该公司各年度的流动资产与流动负债数值，通过计算可以得出该公司各年度流动比率的指标值。从这些数据中可以看出，该公司的流动资产从2007年到2013年一直呈现出逐步减少的趋势，而流动负债则波动较大，其流动比率呈现大幅波动的态势。

2. 流动资产分析

根据表2-1列示的保千里（600074）2007年到2016年的流动资产数值，可以绘制出图2-1所示的折线图。从折线图中可以看出，该公司的流动资产总额在2007年出现大幅下滑，之后虽然开始企稳，但总体还是处在持续向下的走势之中，并在2013年出现最低值。2013年之后，公司的流动资产才出现拐点，并开始向上攀升，在2015年和2016年出现了大幅的增长。

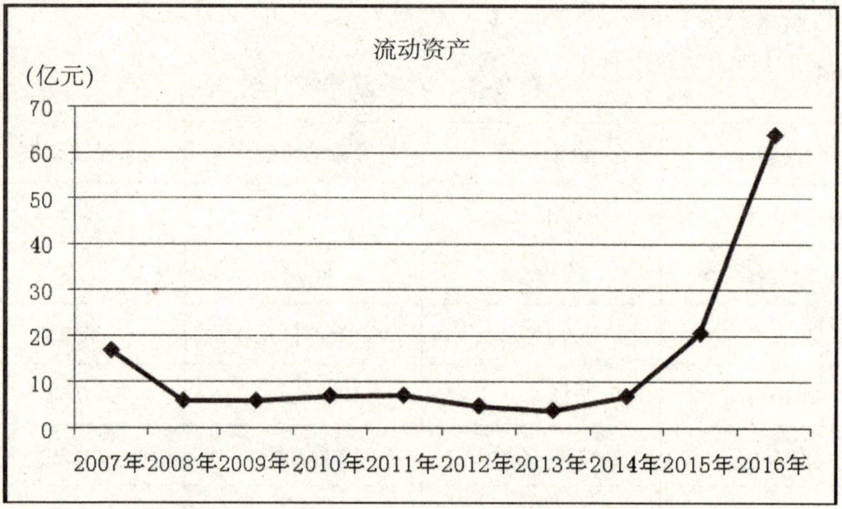

图2-1 保千里（600074）流动资产折线图

3. 流动负债分析

根据表2-1列示的保千里（600074）2007年到2016年的流动负债数值，可以绘制出图2-2所示的折线图。从折线图中可以看出，该公司的流动负债在2007年出现了大幅下降，但在2009年之后，其总额出现了拐点，开始快

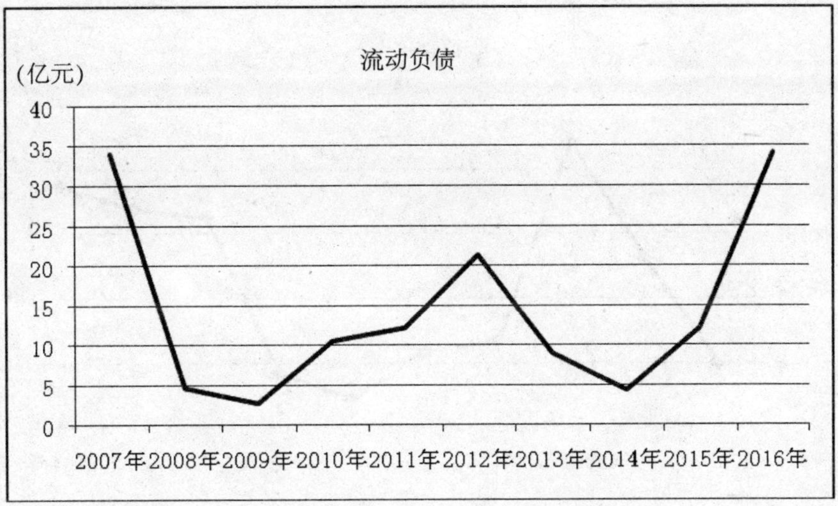

图 2–2　保千里（600074）流动负债折线图

速地增加。

到 2012 年之后，该公司的流动负债总额又出现了缩小，几乎接近 2009 年的水平。到 2014 年出现拐点，呈现大幅增长。依据该公司近几年的流动负债走势图，公司不能持续稳健地保持流动负债规模，有可能影响公司的正常经营。

4. 流动比率分析

根据表 2–1 列示的保千里（600074）2007 年到 2016 年的流动比率数值，可以绘制出图 2–3 所示的折线图。从折线图中可以看出，该公司的流动比率从 2007 年开始逐步上升，在 2009 年达到 2.22，表明公司这几年的短期偿债能力得到了一定的提升，经营状况得到了一定的改善。

在 2009 年之后，公司的流动比率出现拐点，到 2012 年达到最低值。之后的几年时间里，虽然其流动比率出现反弹，但仍然保持在较低水平。由此可见，该公司的短期偿债能力较弱，会对其日常经营产生一定的影响，进而提高投资风险。

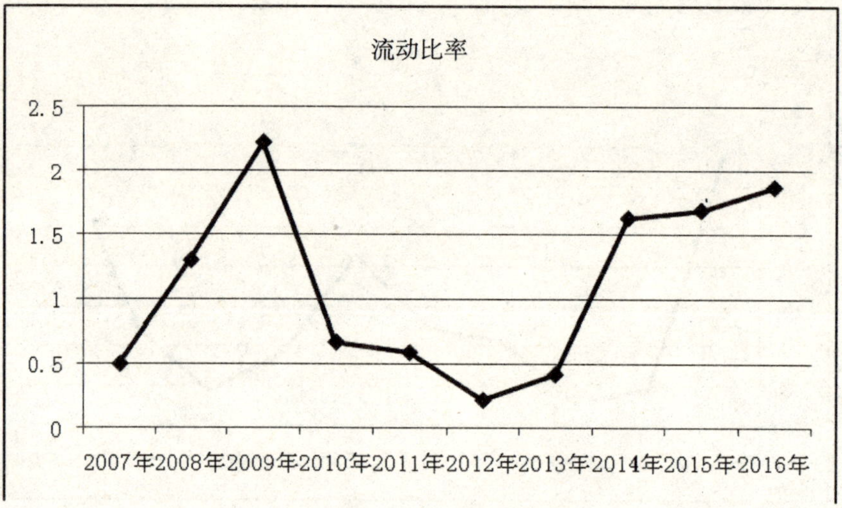

图 2-3　保千里（600074）流动比率折线图

5. 股价走势分析

从图 2-4 保千里（600074）的日 K 线图中可以看出，该股股价在 2007 年之后就一直处于低位，成交量虽有温和放大，但是并没有促使股价出现大幅上涨。

仔细分析可以发现，除了宏观经济因素的影响之外，公司较低的流动比率也是股价无法持续上涨的原因之一。由于公司的流动比率一直处于较低水平，其短期偿债能力就一直处在较高的风险之中，进而影响公司的日常经营活动。公司经营得不到市场的认可，其股价也难以出现上涨。在公司发行股份购买资产的方案获批之后，公司的基本面情况得到改善，其股价也出现了上涨行情。

流动比率为 2 的指标值不是一个绝对值，投资者应当结合不同的行业经营情况进行具体分析。

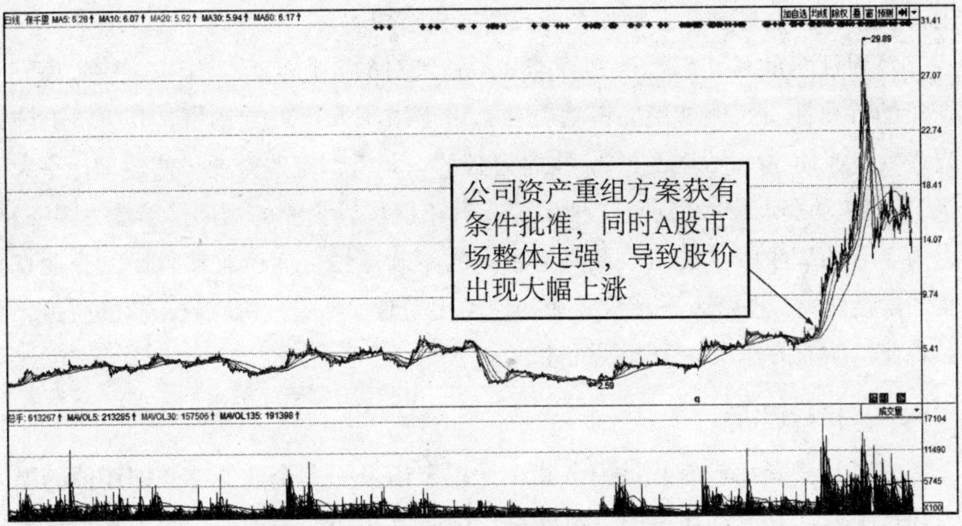

图 2-4　保千里（600074）日 K 线图

第二节　速动比率

速动比率是指企业速动资产与流动负债的比率。它用于衡量企业流动资产中可以立即变现用于偿还流动负债的能力。与流动比率不同的是，速动比率在计算过程中只计入货币资金、短期投资、应收票据、应收账款、其他应收款项等可以在较短时间内变现的资产项目，而流动资产中的存货、1 年内到期的非流动资产及其他流动资产等则不计入。因此，速动比率是衡量一个企业是否有能力和水平立即还债的非常苛刻的指标。

传统理论认为，企业的速动比率维持在 1:1 较为正常，它表明企业每 1 元流动负债就有 1 元易于变现的流动资产来抵偿，短期偿债能力有可靠的保证。如果某一企业的速动比率过低，其短期偿债风险就较大。同时，也不能说企业的速动比率越高就越好，因为某一企业的速动比率过高，则其在速动资产上占用的资金就过多，会增加企业投资的机会成本。

需要注意的是，以上评判标准并不是绝对的，在实际工作中，应考虑到企业的行业性质。例如商品零售行业，由于采用大量现金销售，几乎没有应收账款，速动比率大大低于 1，也是合理的。相反，有些企业虽然速动比率大于 1，但速动资产中大部分是应收账款，并不能代表企业的短期偿债能力很强，因为企业的应收账款能否收回具有很大的不确定性，而应收账款影响企业真实的偿债能力。投资者在评价企业的速动比率时，还应分析应收账款的质量，对企业偿债能力作出较为客观的评估。

一、指标解析

速动比率是比较常用的财务指标，用于衡量一个企业能够立即还债的能力和水平。计算速动比率时，流动资产中需要扣除存货项目，因为存货在流动资产中变现速度较慢，有些存货可能滞销，无法变现。

速动比率的计算公式如下。

速动比率＝速动资产 ÷ 流动负债

速动资产包括货币资金、短期投资、应收票据、应收账款等可在较短时间内变现的项目，该数据一般可在资产负债表中取得。

流动负债是指需在一年或者超过一年的一个营业周期内偿还的债务，包括短期借款、应付票据、应付账款、预收账款、应付工资等，该数值一般在资产负债表列示。

下面举例说明速动比率这一指标，以便投资者加深对该指标的理解。

根据某上市公司的财务资料，该公司 2014 年末的流动资产为 550 万元，存货为 350 万元，流动负债为 150 万元，则该公司 2014 年度的速动比率计算如下。

速动比率＝（550-350）÷ 150 = 1.3

上市公司资产的安全性应包括两个方面的内容：一是有相对稳定的现金流和流动资产比率；二是短期流动性比较强，不至于影响盈利的稳定性。因此，投资者在分析上市公司资产的安全性时，应该从两方面入手。

二、股市实战法则

投资者在实际交易时，不能单独依据速动比率来进行分析判断，还应结合技术分析进行决策。对影响股市走势的宏观经济、行业板块和公司基本情况进行分析，是股市投资的基本面分析方法。以市场行为为研究对象，以判断股市变化趋势并跟随趋势的周期性变化来进行股票交易决策的方法，是技术分析方法。基本面分析和技术分析各有优缺点，孰优孰劣，不能一概而论，投资者在具体分析时要结合运用，取长补短。

从上市公司的财务报表来看，有些公司的速动比率并没有达到安全值，但是它们的财务状况并没有让投资者失去信心，进而导致股价下跌。

这里的原因主要有两个。

其一，这些公司在行业中属于龙头企业，其他公司在短时间内无法代替，其商业信誉较高，银行等金融机构愿意给这些企业发放贷款。

其二，这些公司的竞争力较强，可以充分利用上下游企业作为短期资金的提供者，所以也无需保持较高的速动资产。

投资者在选择日标股票时，应对此类股票做进一步的分析。

利用速动比率选择目标股票时，应考虑该公司所属行业的发展阶段与特性，并与行业平均水平进行比较。企业作为行业的组成部分，总会受到行业整体发展水平的影响。一般来讲，商品流通性较强的行业，比流通性较弱的行业的速动比率低，但不能以此来说商品流通性较强的行业就没有优质个股，投资者应结合行业历史水平进行综合判断。

三、实战案例分析

下面以兴业矿业（000426）为例，利用该公司的速动比率指标，分析该股的投资价值与投资风险。

1. 财务数据分析

表 2–2 财务数据统计表

期间	速动资产	流动负债	速动比率
2007 年	4.17 亿元	4.72 亿元	0.88
2008 年	3.43 亿元	3.23 亿元	1.06
2009 年	4.79 亿元	3.64 亿元	1.32
2010 年	4.76 亿元	3.94 亿元	1.21
2011 年	3.31 亿元	10.1 亿元	0.33
2012 年	1.21 亿元	9.98 亿元	0.12
2013 年	8.56 亿元	17.6 亿元	0.66
2014 年	2.9 亿元	8.59 亿元	0.34
2015 年	5.88 亿元	14.0 亿元	0.42
2016 年	13.46 亿元	19.8 亿元	0.68

根据兴业矿业（000426）2007 年到 2016 年的年度财务报告，可以获得该公司各年度的速动资产与流动负债数值，通过计算可以得出该公司各年度速动比率的指标值。从这些数据中可以看出，该公司的速动资产与流动负债走势较为复杂，速动比率则整体保持了下降趋势。

2. 速动资产分析

根据表 2–2 列示的兴业矿业（000426）2007 年到 2016 年的速动资产数值，可以绘制出图 2–5 所示的折线图。从折线图中可以看出，该公司速动资产的走势比较复杂，并且波动幅度较大。自 2007 年开始，该公司的速动资产基本呈现出向下运行的趋势，2012 年走势出现了拐点，呈现出大幅上升的态势。不过上升走势并没有延续，在 2013 年，其走势又重新回到了下滑趋势中。该

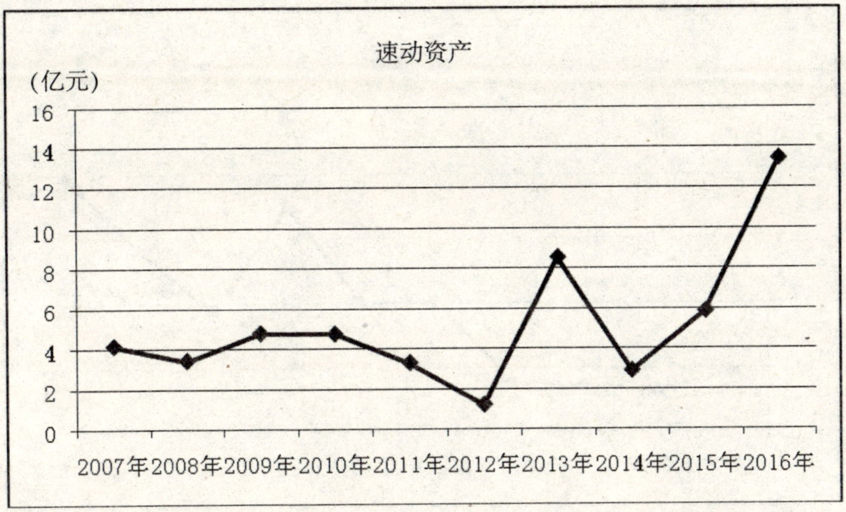

图 2-5 兴业矿业（000426）速动资产折线图

指标在 2014 年出现拐点，呈现大幅增长趋势。

3. 流动负债分析

根据表 2-2 列示的兴业矿业（000426）2007 年到 2016 年的流动负债数值，可以绘制出图 2-6 所示的折线图。从折线图中可以看出，该公司流动负债走势总体保持了持续上升的态势，但其波动幅度较大。2013 年，该公司流动负债达到了一个峰值，之后出现回落。在 2014 年出现拐点，呈现增长趋势，在 2016 年又达到一个峰值。

依据该公司近几年流动负债走势图，可以看出该公司的流动负债总额最近几年一直攀升，若公司没有充足的速动资产偿还公司的经营债务，则其正常经营状况会受到影响。

4. 速动比率分析

根据表 2-2 列示的兴业矿业（000426）2007 年到 2016 年的速动比率数值，可以绘制出图 2-7 所示的折线图。从折线图中可以看出，该公司速动比率走势比较复杂，但总体保持了持续下降的趋势。

该公司速动比率在 2009 年之前处于上升走势中，表明其短期偿债能力得

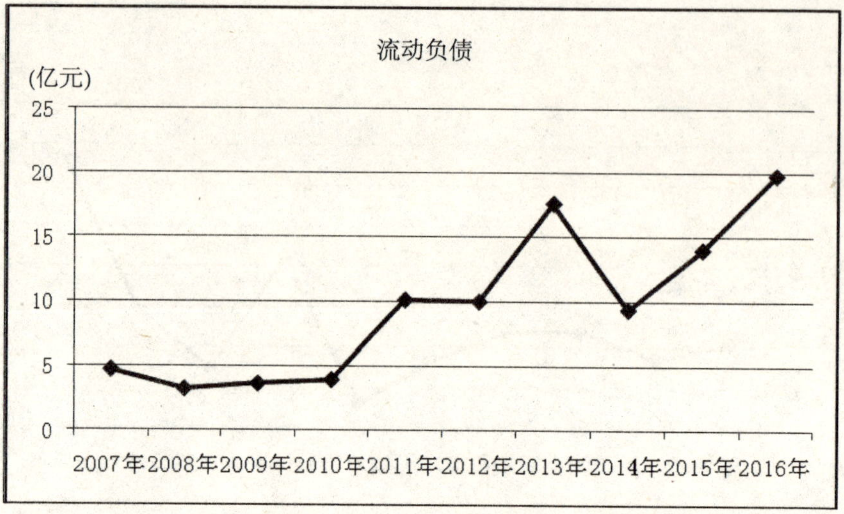

图 2-6　兴业矿业（000426）流动负债折线图

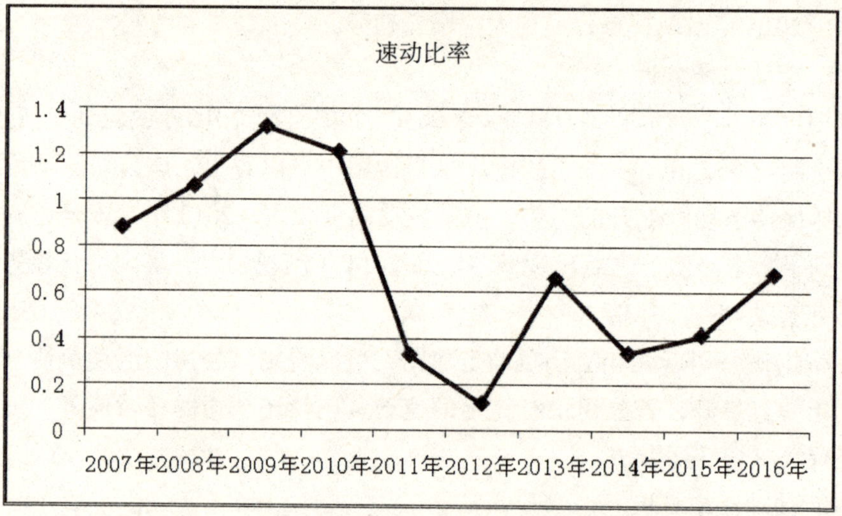

图 2-7　兴业矿业（000426）速动比率折线图

到提高。但在 2009 年之后，公司速动比率出现拐点，到 2012 年达到最低值为 0.12。虽然在 2013 年公司的速动比率出现反弹，但仍然保持在较低的水平。之后的走势也没有突破标准数值，这一走势表明公司的短期偿债压力较大，资金链有断裂的危险。

5. 股价走势分析

从图 2-8 兴业矿业（000426）日 K 线图中可以看出，该股股价近几年一直处于下跌走势中，成交量基本上也处于地量状态。仔细分析可以发现，除了 A 股市场整体处于熊市之外，较低的速动比率使公司面临较大的短期偿债压力，也拖累公司股价出现了下跌行情。

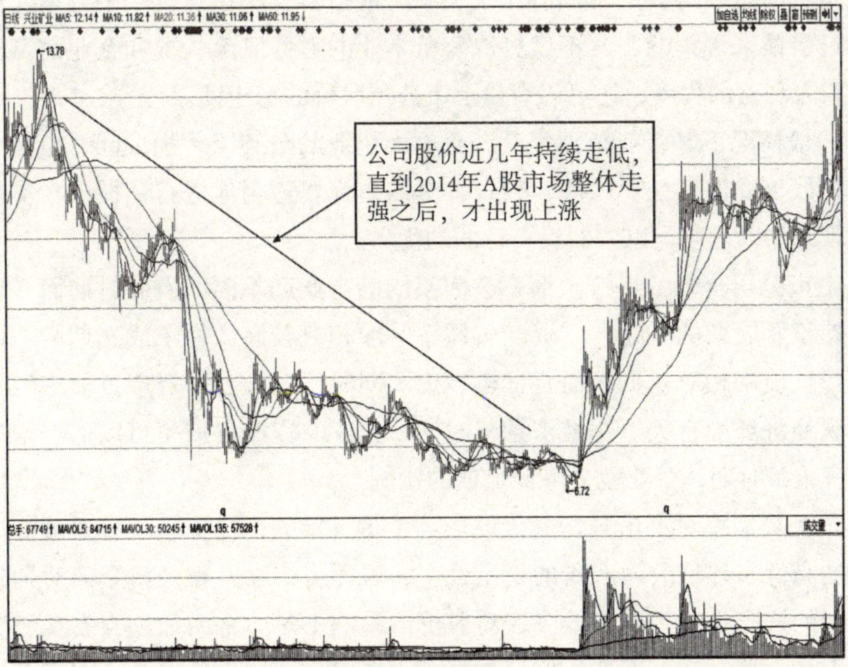

图 2-8 兴业矿业（000426）日 K 线图

公司股价在 2014 年出现拐点，随后开始一波强有力的上涨行情。除了当时 A 股市场整体向好，带动股价上涨外，公司当年的速动比率也有所增加，改善了公司短期内的偿债能力，提振了投资者的投资信心，这也是股价出现上涨的原因之一。

传统理论认为，企业的速动比率维持在 1:1 较为正常，但在实际运用中，投资者还应结合企业的行业性质进行分析。

第三节　资产负债率

资产负债率是企业会计年度的期末负债总额除以期末资产总额的百分比，也就是负债总额与资产总额的比例关系。该指标反映在总资产中有多大比例是通过借债来筹集的，其不仅可以衡量企业的财务风险状况和企业清算时保护债权人利益的程度，还可以衡量上市公司股价的稳定性。

一般情况下，企业负债经营，会放大企业的盈利或亏损，同时也加大上市公司股价的波动性。因此，投资者对该指标要适当地进行掌握，在实际投资决策时加以运用，以判断投资标的的优劣。

上市公司合理的资产负债率会因不同的产业和不同的发展时期而有所不同。处于发展期的企业，其资产负债率一般相对较高；处于成熟期的企业，其资产负债率相对较低，而且比较稳定。同时，上市公司资产负债率的大小与宏观经济环境有关。在经济景气时期，企业的资产负债率可以适当增加；在经济萧条时期，企业就会降低负债的比例。

资产负债率对上市公司股价的影响不是直接的，投资者一般通过资产负债率的高低来评估公司股价的稳定性。一般而言，在宏观经济繁荣时期，上市公司的资产负债率普遍偏高，对股价的影响不是非常明显。当宏观经济处于衰退和低迷时期，资产负债率越高，意味着企业付出的财务成本越多，其盈利情况受到的影响越大，进而对上市公司的股价起到压制作用。此时，投资者在进行投资决策时就要采取相对谨慎的态度。

一、指标解析

资产负债率是期末负债总额除以资产总额的百分比。这个指标反映债权人提供的资本占全部资本的比例，也称为举债经营比率。如果某公司的资产负债比率达到 100% 或超过 100%，说明公司已经没有净资产或资不抵债了。

资产负债率的计算公式如下。

资产负债率＝负债总额 ÷ 资产总额 ×100%

负债总额是指过去的交易、事项形成的现时义务，履行该义务预期会导致经济利益流出企业，包括流动负债和长期负债等，即为企业资产负债表的负债总计项。

资产总额是指企业拥有或控制的全部资产，这些资产包括流动资产、长期投资、固定资产、无形及递延资产、其他长期资产等，即为企业资产负债表的资产总计项。

下面举例说明资产负债率这一指标，以便投资者加深对该指标的理解。

某上市公司 2014 年期末负债总额为 1050 万元，期末资产总额为 2000 万元，该公司 2014 年度资产负债率计算如下。

资产负债率＝（1050÷2000）×100% ＝ 52.5%

这个指标对于债权人来说越低越好，对于股东来说越高越好。从财务管理的角度看，在进行借入资本决策时，公司的管理者应当审时度势，全面考虑，充分估计预期利润和增加的风险，权衡利害得失，作出正确的分析和决策。

二、股市实战法则

资产负债率并非是股票价格走势的决定性指标。在股票市场中，决定公司股价走势的因素主要有两个，其一是公司自身的盈利能力和未来的发展空间，其二是市场中投资者对公司的判断和交易行为。在这两个因素当中，前者具有决定性，对公司股价的影响比较深远。

由于资产负债率并不直接影响公司的盈利能力，所以不对股价产生直接影响，不决定股价后市的走势，因此投资者不可将该指标作为股票交易的决定性指标。

较低的资产负债率不能说明股票具有投资价值。一些质地较差的上市公司，由于没有良好的竞争产品，投资者对该公司的前景不太看好，所以这些公司很难取得借款，该公司的经营者也会采取非常保守的态度，导致其资产负债率非常低。

激进型投资者可以寻找资产负债率偏高的中小型公司。若上市公司的销售业绩良好，产品和同类商品相比具有竞争力，但其股价并没有较大涨幅，那么该公司的股价在后市往往会有良好的表现。这种类型的公司多为成长型企业，投资者在承担高风险的情况下，其带来的投资收益也是非常可观的。

稳健型投资者可以选择资产负债率处于安全水平的绩优公司。有些上市公司的资产负债率一直都处在行业标准范围之内，并且其销售状况也一直保持良好，销售毛利率和销售净利率一直处于增长之中。像这类上市公司的股票一般属于绩优股，适合投资者进行长期投资。

三、实战案例分析

下面以万科 A（000002）为例，利用该公司的资产负债率指标来分析该股的投资价值与投资风险。

1. 财务数据分析

表 2–3 万科 A 财务数据统计表

期间	负债总额	资产总额	资产负债率（%）
2007 年	662 亿元	1001 亿元	66.11
2008 年	804 亿元	1192 亿元	67.44
2009 年	922 亿元	1376 亿元	67
2010 年	1611 亿元	2156 亿元	74.69
2011 年	2284 亿元	2962 亿元	77.1
2012 年	2967 亿元	3788 亿元	78.32
2013 年	3738 亿元	4792 亿元	78
2014 年	3925 亿元	5084 亿元	77.2
2015 年	4750 亿元	6113 亿元	77.7
2016 年	6690 亿元	8307 亿元	80.54

根据万科 A（000002）2007 年到 2016 年的年度财务报告，可以获得该公司各年度的负债总额与资产总额数值，通过计算可以得出该公司各年度资产负债率的指标值。从这些数据可以看出，该公司的负债总额与资产总额从 2007 年起一直呈现出逐步增加的趋势，其资产负债率也处于上升态势。

2. 负债总额分析

根据表 2-3 列示的万科 A（000002）2007 年到 2016 年的负债总额数值，可以绘制出图 2-9 所示的折线图。从折线图中可以看出，该公司的负债总额，自 2007 年开始一直呈现出向上攀升的趋势。

进入 2009 年以后，公司负债总额的增加走势与之前各年度相比出现了明显的加速现象。直到 2013 年，这一走势才出现了放缓的迹象，表明这一时期公司采取了较为积极的经营政策。之后负债总额又出现增长趋势。

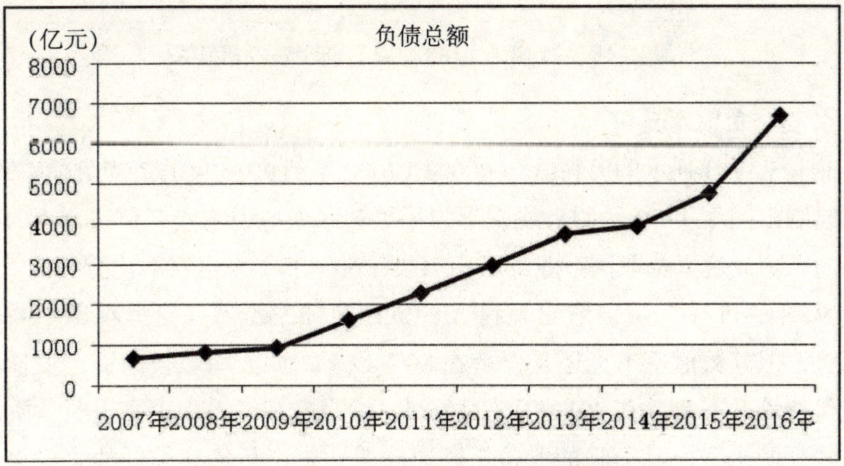

图 2-9　万科 A（000002）负债总额折线图

3. 资产总额分析

根据表 2-3 列示的万科 A（000002）2007 年到 2016 年的资产总额数值，可以绘制出图 2-10 所示的折线图。从折线图中可以看出，该公司的资产总额，自 2007 年开始也一直呈现出向上攀升的趋势。进入 2009 年以后，公司资产总额的增加走势与之前各年度相比也出现了明显的加速趋势。由此可以看出，该公司的资产总额与负债总额呈现出大体一致的变动走势，负债总额作为一个重要的因素，影响了该公司资产总额的增减变动。

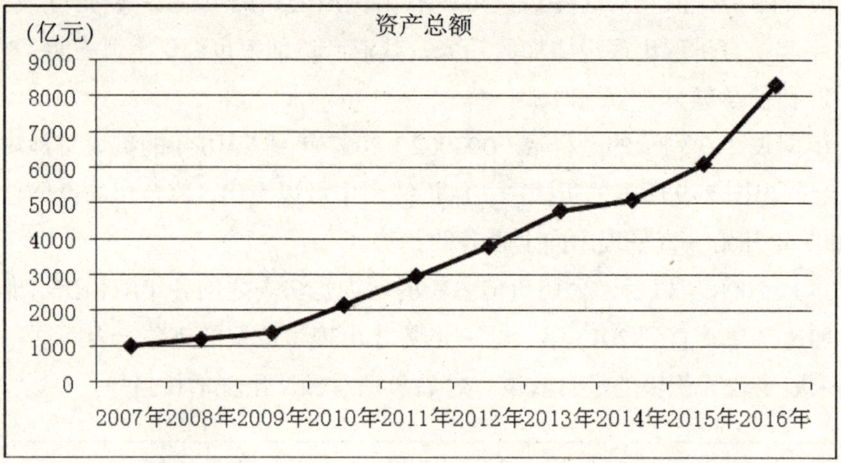

图 2-10　万科 A（000002）资产总额折线图

4. 资产负债率分析

根据表 2-3 列示的万科 A（000002）2007 年到 2016 年的资产负债率数值，可以绘制出图 2-11 所示的折线图。为了更加深入地说明资产负债率对万科 A 股价的影响，这里选取同行业的云南城投（600239）来进行对比分析。

从图 2-11 中，可以看出万科 A 的资产负债率虽然一直呈现出不断增长的态势，但其数值基本上还是保持在 80% 以下。而云南城投的资产负债率则一直保持攀升态势，在 2012 年超过万科 A。当宏观经济出现衰退时，资产负债率较高的个股，其面临的股价下跌风险要比资产负债率较低的个股更大。所以，云南城投的投资风险与万科 A 相比更大。

5. 股价走势分析

从图 2-12 可以看出，自 2010 年到 2015 年上半年，云南城投的股价跌幅远大于万科 A，出现这种走势的原因，和上市公司的资产负债率有关。在房地产市场繁荣时期，资产负债率对股价的影响无法表现出来。但是当房地产市场出现拐点时，资产负债率高的公司，股东将会背负高昂的负债成本。在

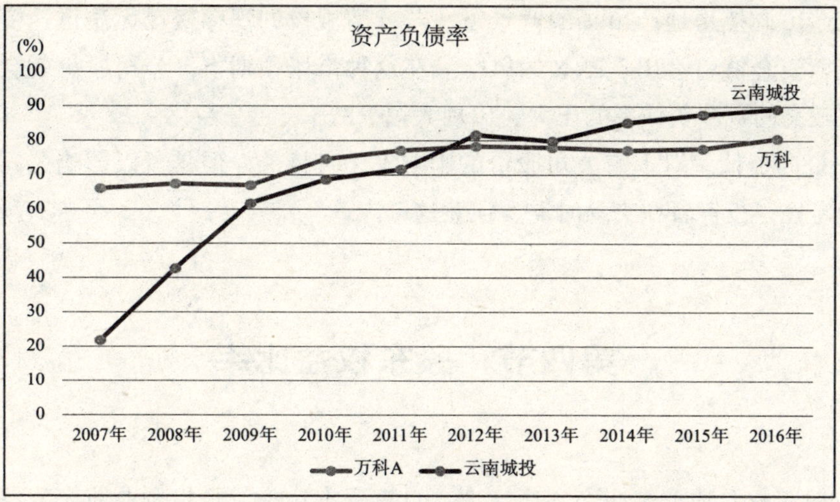

图 2-11　万科 A、云南城投资产负债率折线图

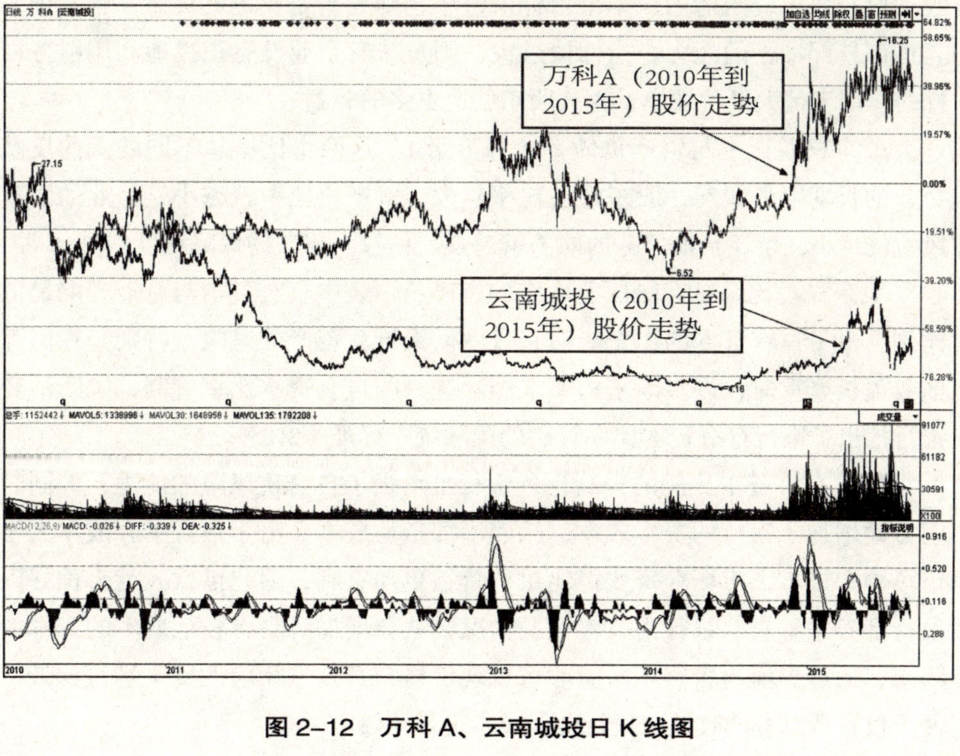

图 2-12　万科 A、云南城投日 K 线图

国家严厉调控房地产市场的背景下，若云南城投的现存楼盘无法迅速变现，其经营资金链将会出现断裂的风险。在这种市场预期下，公司股价就会承受不住较高的资产负债率的压力，出现大幅下跌。

资产负债率对上市公司股价的影响不是直接的，但是可以影响公司股价的稳定性，投资者在交易时需要注意这一点。

第四节　股东权益比率

股东权益比率也叫净资产比率、自有资本比率，是指企业股东权益与资产总额的比率，该比率反映了企业资产中有多少是所有者投入的。对企业来讲，股东权益比率应当适中，如果指标值过小，则表明企业过度负债，容易削弱其抵御外部冲击的能力。指标值过大，则意味着企业没有积极地利用财务杠杆的作用来扩大经营规模，为其股东创造更多的收益。

股东权益比率与资产负债率之和等于1。这两个比率从不同的侧面反映企业的长期财务状况，股东权益比率越大，资产负债率就越小，企业的财务风险就越小，偿还长期债务的能力就越强，债权人权益的保障程度越高。

股东权益比率是在账面上设定的资产负债表中自有资本与总资产的最低比例。由于自有资本的扩充能够有效降低银行总资产的风险，特别是在国际债务危机严重时，许多国家都要求国际统一的自有资本比率管制，国际清算银行推出了银行自有资本比率管制的国际统一标准（8%）。

随着自有资本比例的提高，各银行虽增强了自身抗风险的能力，但同时明显地增加了银行的资本成本，从而增加贷款成本。由于银行中介成本大于市场中介成本，市场融资变得比银行贷款更加有利，因此借款人就会偏好以发行证券来筹资。银行为改善收益情况，就会增加对具有较低成本的资本的需求，通过提前出售资产，能够将折现价格与其贷款相应的资本进行比较，便于投资者对资产收益与银行融资成本进行比较。

一、指标解析

股东权益比率的计算公式如下。

股东权益比率=股东权益总额 ÷ 资产总额 ×100%

股东权益总额，是指公司总资产中扣除负债余下的部分，是指股本、资本公积、盈余公积、未分配利润之和，该数值可以从企业的资产负债表中取得。

资产总额是指公司拥有或控制的全部资产，这些资产包括流动资产、长期投资、固定资产、无形及递延资产、其他长期资产等，该数值可以从企业的资产负债表中取得。

下面通过举例来说明股东权益比率这一指标，以便投资者加深对该指标的理解。

根据某上市公司公开的财务资料，该公司2014年的期末股东权益总额为5亿元，期末资产总额为8.5亿元，则该上市公司2014年度的股东权益比率计算如下。

股东权益比率= 5 ÷ 8.5 × 100% = 58.82%

有时一些公司不是由于股东权益比率过低导致亏损，而是由于行业不景气导致亏损，这样的公司较容易实现扭亏。

二、股市实战法则

一般认为，如果公司的经营状况非常好，未来几年内不会发生大的变故，则其股东权益比率值可以适当地偏小。公司股东权益比率值适当偏小，使得公司在对外经营的时候可以更多地利用外部资源，取得更好的收益。如果公司经营状况一般或者较差，则其股东权益比率值应该适当地偏大，因为公司本身经营状况已经出现了困难，如果再加重自己的偿债负担，会对公司的长远发展产生消极影响。

对上市公司来讲，股东权益比率一般应达到50%上下为好，但这并不是说股东权益比率越高越好。上市公司的净资产比率过高，如达到80%～90%，则说明公司不善于运用现代的负债经营方式，不会用股东的投资适量负债扩大经营规模，去为股东赚取更多的利润。特别是那些净资产收益率远高于同期银行利率的公司更是如此。

比如一家上市公司净资产收益率比同期银行利率高 5%，这说明还掉银行贷款利息后还有 5%的利润。在这样的情况下，如果净资产比率一年比一年高，则说明这家公司的财务偏于保守，缺乏进取性，或者说公司取得的资金找不到好的投资项目。

投资者在运用股东权益比率进行财务分析时，要结合该公司所属行业进行具体分析。比如银行类公司，其股东权益比率一般较小，这是因为银行是靠借贷款来经营的，自身的股权并不是至关重要的，日常经营能有储蓄、贷款，便可以获取利差收入，维持其运营发展。投资者在实际运用时，应注意这一点。

三、实战案例分析

下面以乐凯胶片（600135）为例，利用该公司的股东权益比率指标，分析该股的投资价值与投资风险。

1. 财务数据分析

表 2–4　财务数据统计表

期间	所有者权益总额	资产总额	股东权益比率（%）
2007 年	9.84 亿元	10.8 亿元	91.11
2008 年	9.86 亿元	10.8 亿元	91.3
2009 年	9.89 亿元	10.6 亿元	93.3
2010 年	9.93 亿元	10.5 亿元	94.57
2011 年	9.39 亿元	10.4 亿元	90.29
2012 年	9.72 亿元	10.8 亿元	90
2013 年	9.91 亿元	10.9 亿元	90.92
2014 年	10.1 亿元	11.9 亿元	84.87
2015 年	16.3 亿元	19.1 亿元	85.34
2016 年	16.6 亿元	20.6 亿元	80.58

根据乐凯胶片（600135）2007 年到 2016 年的年度财务报告，可以取得该上市公司各年度的所有者权益总额与资产总额数值，通过计算可以获得该公司各年度的股东权益比率。从这些数据中可以看出，该公司的所有者权益总额与资产总额总体呈现出逐步增长的态势，而股东权益比率则表现出下降趋势。

2. 所有者权益总额分析

根据表 2–4 列示的乐凯胶片（600135）2007 年到 2016 年各年度的所有者权益总额数值，可以绘制出图 2–13 所示的折线图。从折线图中可以看出，该公司所有者权益总额的走势总体呈现出上升的态势。自 2007 年，公司所有者权益总额走势呈现缓慢上升的迹象，但在 2011 年走势出现了下滑。不过从 2014 年开始，所有者权益总额走势又出现了强势反弹。

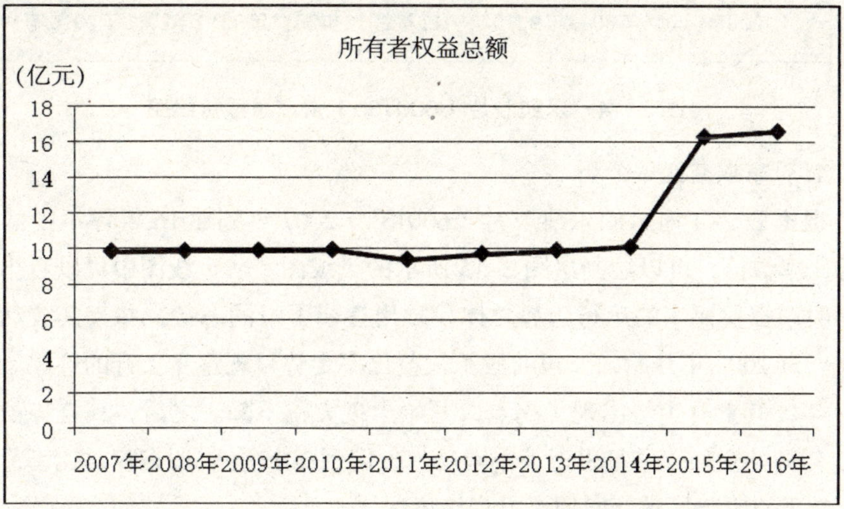

图 2–13　乐凯胶片（600135）所有者权益总额折线图

3. 资产总额分析

根据表 2–4 列示的乐凯胶片（600135）2007 年到 2016 年各年度的资产总额数值，可以绘制出图 2–14 所示的折线图。从折线图中可以看出，自 2007 年，公司的资产总额走势呈现缓慢下滑的迹象，直到 2011 年，其走势才出现拐点，开始大幅增长。特别是从 2014 年开始，公司的资产总额出现了大幅度增加，突破了前期的峰值。

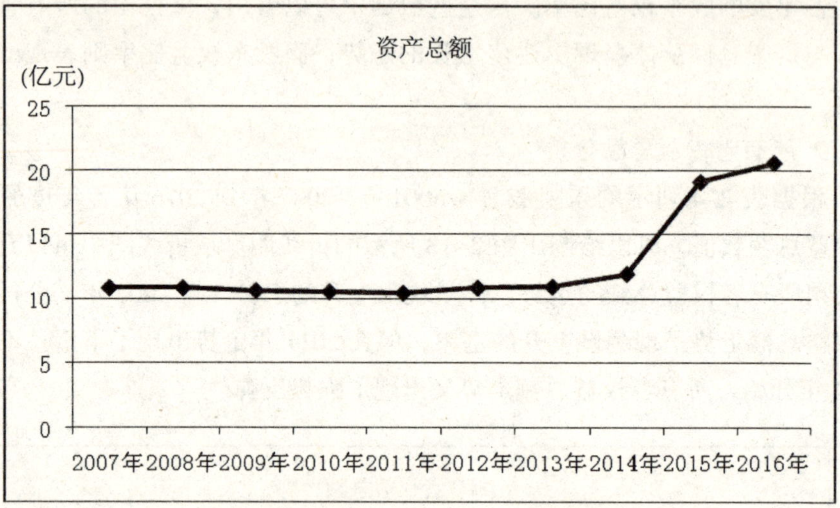

图 2–14 乐凯胶片（600135）资产总额折线图

4. 股东权益比率分析

根据表 2–4 列示的乐凯胶片（600135）2007 年到 2016 年各年度的股东权益比率数值，可以绘制出图 2–15 所示的折线图。从折线图中可以看出，该公司股东权益比率的运行趋势总体呈现出逐步下滑的态势，并且其波动幅度较大。自 2007 年开始，公司的股东权益比率走势呈现逐步上升的迹象。直到 2010 年，其上升走势出现了拐点，开始出现大幅下降。之后，其走势虽然在 2012 年开始企稳，并且出现了小幅反弹，但到 2013 年，股东权益比率又呈现出大幅下滑走势，重新回到了下降趋势。

5. 股价走势分析

从图 2–16 乐凯胶片（600135）的日 K 线图中可以看出，从 2009 年开始，该股股价呈现出震荡上行的走势，并且其成交量在这一期间也出现了不同程度的放大。2011 年，公司股价创出新高之后，其走势开始逐步进入回调阶段，成交量也伴随着股价的下跌出现逐步萎缩。公司股价在 2012 年出现新低之后，

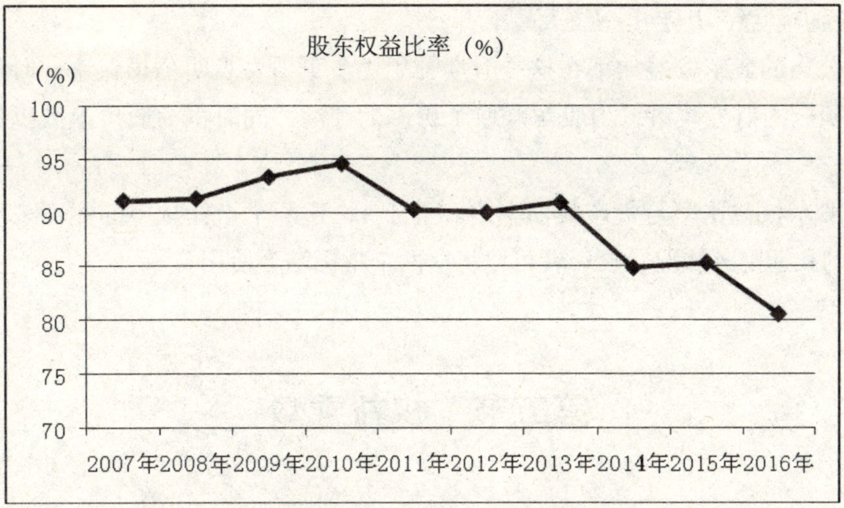

图 2-15　乐凯胶片（600135）股东权益比率折线图

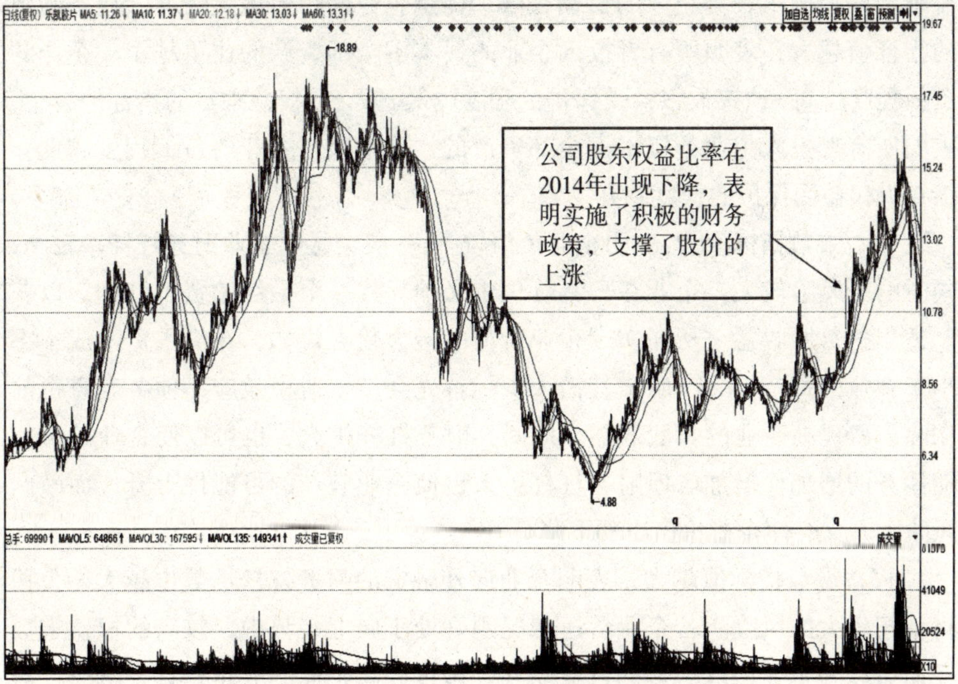

图 2-16　乐凯胶片（600135）日 K 线图

开始逐步企稳，并走出一波大幅上升行情。

公司的股东权益比率在这一时期开始逐步下滑，表明公司在这一时期实施了积极的财务政策，为股东赚取了更多的利润，同时也为股价上涨提供了支撑。

股东权益比率与资产负债率之和等于1，这两个指标从不同侧面来反映企业的长期财务状况，投资者可以将这两个指标结合使用。

第五节　权益乘数

权益乘数又称股本乘数，是指企业资产总额相当于股东权益的倍数。权益乘数一般用来表示企业的负债程度，衡量企业的财务风险情况。权益乘数的指标值越大，表明所有者投入企业的资本占全部资产的比重越小，企业的负债程度越高，债权人权益受保护的程度越低。反之，权益乘数的指标值越小，表明所有者投入企业的资本占全部资产的比重越大，企业的负债程度越低，债权人权益受保护的程度越高。

权益乘数指标值大，表明企业负债较多，一般会导致企业财务杠杆率较高，同时财务风险较大。企业在日常管理中必须寻找一个最优的资本结构，以获取适当的每股收益，从而实现企业价值的最大化。再如，在借入资本成本率小于企业的资产报酬率时，其借入资金首先会产生避税效应（债务利息税前扣除），提高企业的每股收益。同时，财务杠杆扩大，也可以使企业的价值随债务的增加而增加。但财务杠杆扩大也使企业破产的可能性上升，而破产风险上升又会使企业价值出现下降。

权益乘数指标值越大，表明企业向外融资的财务杠杆倍数也越大，公司将承担较大的风险。若企业营运状况刚好处于向上趋势中，较高的权益乘数反而可以为企业创造更多的营业获利，透过提高企业的股东权益报酬率，对企业的股票价值产生正面激励效果，推动其股票价格逐步上涨。从这一点来看，投资者掌握运用该指标的意义是非常重要的。

一、指标解析

权益乘数的计算公式如下。

权益乘数=资产总额 ÷ 股东权益总额

资产总额是指公司拥有或控制的全部资产，这些资产包括流动资产、长期投资、固定资产、无形及递延资产、其他长期资产等，该数值可以从企业的资产负债表中取得。

股东权益总额是指公司总资产中扣除负债余下的部分，是股本、资本公积、盈余公积、未分配利润之和，该数值可以从企业的资产负债表中取得。

下面举例来简单说明权益乘数这一指标，以便投资者加深对该指标的理解。

根据某上市公司公开的财务资料，该公司2014年的期末资产总额为7亿元，期末股东权益总额为4.5亿元，则该上市公司2014年度的权益乘数计算如下。

权益乘数= 7 ÷ 4.5 = 1.56

权益乘数越大，表明公司向外融资的财务杠杆倍数也越大，公司将承担较大的财务风险，但较高的权益乘数反而可以为公司创造更多的营业获利。

二、股市实战法则

在财务分析中，运用权益乘数指标可以评估公司的负债程度，衡量公司利用财务杠杆进行经营活动的风险。商业银行是以经营工商业存放款为主要业务，并以获取利润为目的的货币经营企业，是不同于一般工商企业的特殊企业。投资者在运用权益乘数分析银行类上市公司时，应结合商业银行的一般性特点，以便作出较为合理的投资决策。

权益乘数越大，表明所有者投入公司的资本占全部资产的比重越小，企业负债的程度越高。反之，指标值越小，表明所有者投入公司的资本占全部资产的比重越大，企业的负债程度越低。将该指标称之为权益乘数，是因为该指标是权益率的倒数。常用的财务比率都是除数，除数的倒数是乘数。所有者权益除以资产是资产权益率，而资产除以所有者权益就称为权益乘数。

所有者权益比率和权益乘数是对资产负债的必要补充。投资者运用这两个指标时，还应注意两方面的问题，一是所有者权益比率和权益乘数与资产负债率都是用于衡量企业长期偿债能力的，可以相互补充；二是所有者权益和权益乘数与资产负债率之间是有区别的。其间的区别是反映长期偿债能力的侧重点不同，所有者权益比率和权益乘数侧重揭示资产总额与所有者权益的倍数关系。倍数越大，说明公司资产对负债的依赖程度越高，则风险越大。资产负债率则重在揭示总资本中有多少是靠负债取得的，用以说明债权人权益得到保障的程度。

三、实战案例分析

下面以格力电器（000651）为例，利用该公司的权益乘数指标，分析该股的投资价值与投资风险。

1. 财务数据分析

表 2-5　财务数据统计表

期间	资产总额	股东权益总额	权益乘数
2007 年	255 亿元	58.6 亿元	4.35
2008 年	306 亿元	75.9 亿元	4.03
2009 年	515 亿元	107 亿元	4.81
2010 年	656 亿元	140 亿元	4.69
2011 年	852 亿元	184 亿元	4.63
2012 年	1076 亿元	276 亿元	3.9
2013 年	1337 亿元	354 亿元	3.78
2014 年	1562 亿元	451 亿元	3.46
2015 年	1617 亿元	486 亿元	3.33
2016 年	1824 亿元	549 亿元	3.32

根据格力电器（000651）2007 年到 2016 年的年度财务报告，可以取得该上市公司各年度的资产总额与股东权益总额数值，通过计算获得该公司各年度的权益乘数。从这些数据中可以看出，该公司的资产总额与股东权益总额呈现出逐步增长的态势，权益乘数则呈现出下降趋势。

2. 资产总额分析

根据表 2–5 列示的格力电器（000651）2007 年到 2016 年各年度的资产总额数值，可以绘制出图 2–17 所示的折线图。从折线图中可以看出，该公司资产总额走势呈现出稳步上升的态势，其波动幅度也较小。自 2007 年，公司当期资产总额走势出现小幅上升之后，2008 年其增长趋势出现了明显加快。之后数年，公司资产总额基本上以同一速度增长，一直持续到 2016 年。

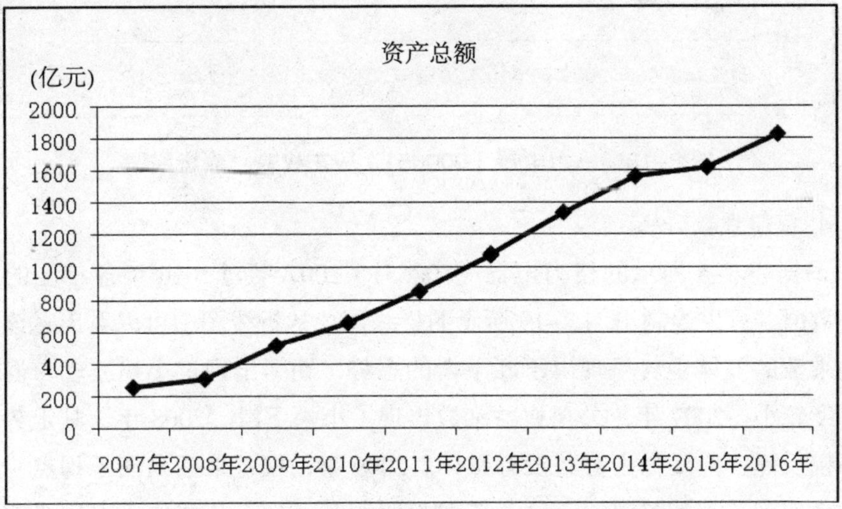

图 2–17　格力电器（000651）资产总额折线图

3. 股东权益总额分析

根据表 2–5 列示的格力电器（000651）2007 年到 2016 年各年度的股东权益总额数值，可以绘制出图 2–18 所示的折线图。从折线图中可以看出，该公司股东权益总额走势呈现出稳步上升的态势，走势较为单一，波动幅度也较小。2007 年，公司当期的股东权益总额走势出现小幅上升之后，直到 2011 年，其增长趋势都保持了较稳定的态势。2011 年之后，公司股东权益总额增长速度出现了明显加快，并且连续突破前期高点。

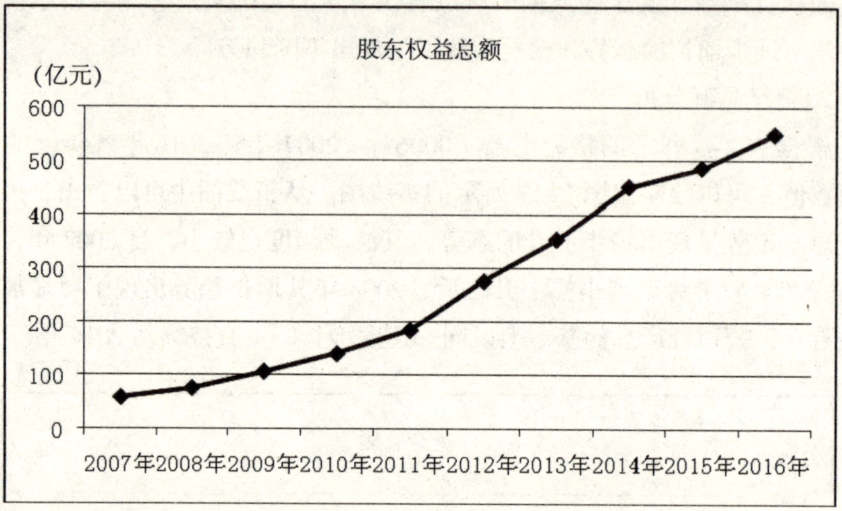

图 2–18　格力电器（000651）股东权益总额折线图

4. 权益乘数分析

根据表 2–5 列示的格力电器（000651）2007 年到 2016 年各年度的权益乘数数值，可以绘制出图 2–19 所示的折线图。从折线图中可以看出，该公司权益乘数的整体走势呈现出不断下滑的态势，期间出现过小幅波动，但其波动幅度较小。2007 年，公司权益乘数出现了小幅下滑。2008 年，其走势呈现出小幅反弹，但反弹走势并没有延续。2009 年，权益乘数出现了拐点，其走势重新回到了下滑趋势中。这一走势表明所有者投入公司的资本逐步增加，债权人权益受保护的程度逐步提高。

5. 股价走势分析

从图 2–20 格力电器（000651）的日 K 线图中可以看出，从 2009 年开始，该股股价呈现出震荡上行的走势，并且成交量在这一期间出现了不同程度的放大。2010 年，公司股价创出新低之后，其走势开始逐步上涨。之后虽然有一定程度的回调，但并没有跌破前期低点。

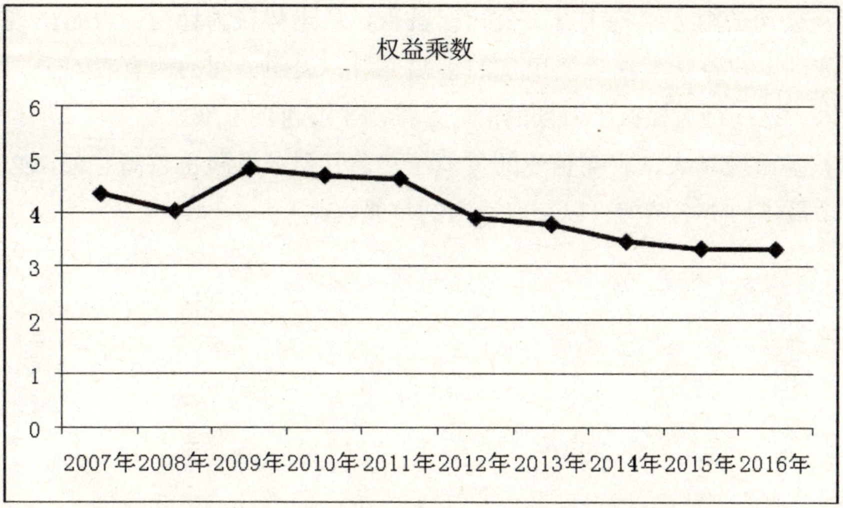

图 2–19　格力电器（000651）权益乘数折线图

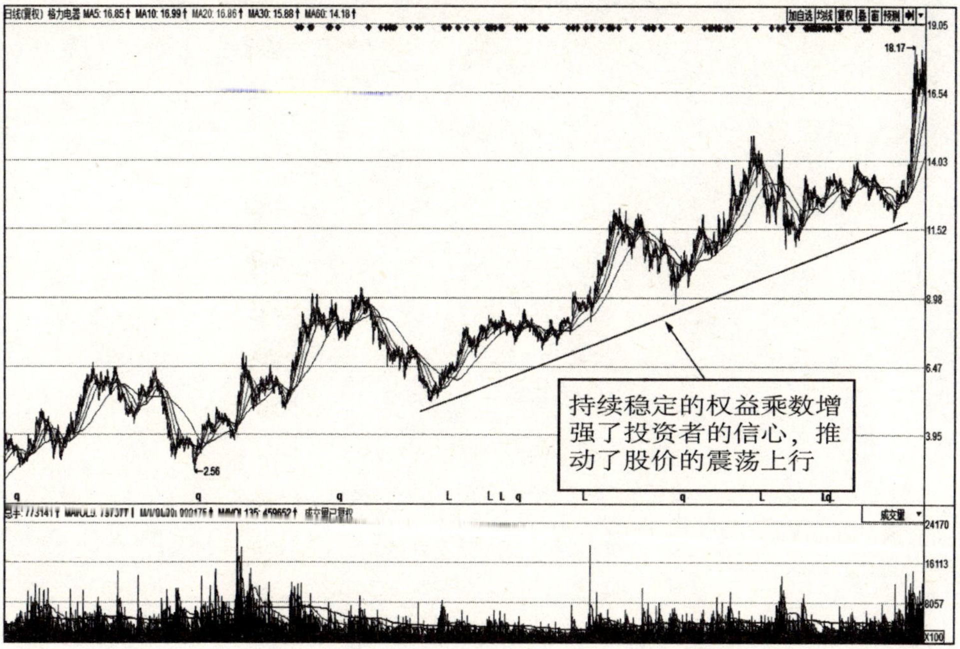

图 2–20　格力电器（000651）日 K 线图

从公司的财务结构来看，公司权益乘数的走势较为稳定，没有出现大幅度的波动。权益乘数在近期出现的小幅下滑，表明公司的所有者对公司增加了投入，这一行为提振了市场的信心，推动了股价的上涨。

权益乘数越大，表明企业的负债越多，其财务风险也越高。公司必须寻找一个最优的资本结构，以获取适当的每股收益。

第三章 解读企业的营运能力

企业营运能力表明了一个企业的日常经营状况，投资者在分析投资标的时应加以重视。

企业营运能力是指企业的经营运行能力，即企业运用各项资产以赚取利润的能力。企业营运能力分析就是通过对反映企业资产营运效率与效益的指标进行计算与分析，评价企业的营运能力，为企业提高经济效益指明方向。

一般认为，衡量企业营运能力的指标可以揭示企业资金运营周转的情况，反映企业对经济资源管理、运用效率的高低。企业资产周转越快，流动性越高，企业的偿债能力越强，资产获取利润的速度就越快。企业资产周转越慢，流动性越低，企业的偿债能力越弱，资产获取利润的速度就越慢。

对企业的营运能力进行分析，具有以下重要意义。

第一，营运能力分析可以评价企业资产营运的效率。

第二，营运能力分析可发现企业在资产营运中存在的问题。

第三，营运能力分析是盈利能力分析和偿债能力分析的基础与补充。

营运能力是社会生产力在企业中的微观表现，是企业各项经济资源基于环境约束与价值增值目标，通过配置组合与相互作用生成的推动企业运行的物质能量。衡量企业营运能力的财务指标，主要包括存货周转率、应收账款周转率、流动资产周转率和总资产周转率等。

第一节　存货周转率

存货周转率是企业一定时期销货成本与平均存货余额的比率。该指标用于衡量存货的周转速度，即存货的流动性及存货资金占用量是否合理，以促使管理层在保证生产经营连续性的前提下提高资金使用效率，增强企业的短期偿债能力。

存货周转率是分析企业营运能力的重要指标之一，在企业管理决策中被广泛使用。存货周转率不仅可以用来衡量企业存货运营的效率，而且还用来评价企业的经营业绩，反映企业的绩效。

存货周转率是对流动资产周转率的补充说明，通过存货周转率的计算与分析，可以预测企业一定时期内存货资产的周转速度，是反映企业购、产、销平衡效率的一种尺度。同时，存货周转率指标的好坏还反映了企业存货管理水平的高低，影响到企业的短期偿债能力。

一般来讲，存货周转速度越快，表明企业存货占用水平越低，流动性越强，存货转化为现金或应收账款的速度就越快，进而增强企业的短期偿债能力及获利能力。

需要注意的是，存货周转率不是越高越好。比如，企业减少原材料的存货量，可以缩短周转率，但当原材料价格出现上涨时，可能会对其正常的经营活动带来不利影响。投资者在分析存货周转率时，应关注构成存货的产成品、自制半成品、原材料、在产品和低值易耗品之间的比例关系。正常情况下，各类存货之间存在某种比例关系，如果某一类比重发生明显的大幅度变化，可能暗示企业在某一方面存在问题。

一、指标解析

存货周转率是指一定时期内企业销售成本与存货平均资金占用额的比率。

其有两种计算方式，一是以成本为基础的存货周转率，二是以收入为基础的存货周转率，这里主要介绍第二种计算方式。

存货周转率的计算公式如下。

存货周转率＝营业收入净额 ÷ 平均存货总额

营业收入净额是指企业当期销售产品、商品、提供劳务等主要经营活动取得的收入减去折扣与折让后的数额，该数据可取自利润分配表。

平均存货总额是指企业或商家在日常活动中持有的以备出售的原料或产品、在产品、耗用的材料、销售存仓等。它是资产负债表中存货的期初、期末金额之和的平均数。其计算公式如下。

平均存货总额＝（存货期初数＋存货期末数）÷2

下面举例来简单说明存货周转率这一指标，以便投资者加深对该指标的理解。

根据某上市公司的财务资料，该公司2014年的存货期末数为1500万元，期初数为1050万元，当年的营业收入净额为3000万元，则该公司2014年度的存货周转率计算如下。

平均存货总额＝（1500+1050）÷2 ＝ 1275万元

存货周转率＝ 3000÷1275 ＝ 2.35

采用营业收入数据，主要分析目的是判断企业的短期偿债能力。如果分析目的是评估存货管理业绩，应当使用营业成本。

二、股市实战法则

存货周转率的变化趋势，可以反映企业管理存货的能力和效率。一般情况下，企业的存货周转率会稳定在某一区间内运行，如果存货周转率出现异动，则表明企业的生产环节或者销售环节出现了问题，进而影响其日常的经营活动。投资者在使用该指标进行投资决策时，应尽量避免选择存货周转率出现异动的个股，规避投资风险。存货周转率保持一定运行趋势的个股，相对来说更具有投资价值，投资者应给予更多的关注。

存货周转率对公司股价的影响不具有直接性，不能用其直接判断股价的涨跌，该指标对股价的影响是通过对企业业绩和短期财务风险来体现的。在评估个股的成长性或未来走向时，可以将该指标作为辅助性指标来判断企业的盈利能力和成长能力。投资者在对企业的基本面进行分析时，应结合企业的其他财务指标进行综合评估，得出合理的判断。

投资者可以利用存货周转率的变化走势来把握个股的交易时机，选择合理的时机建仓。一般情况下，企业在扩张时会采取较为积极的财务政策，此时存货周转率往往会出现上升的走势。同时，市场也会给予此类个股更高的期望，投资者可在此时买入股票。当企业完成扩张行为时，存货周转率往往会从较高的位置开始下滑，投资者此时应卖出股票。企业的存货周转率一般都会在某一范围内波动，当存货周转率跌破这一范围，表明企业可能出现了问题，投资者需要进一步分析。

三、实战案例分析

下面以天音控股（000829）为例，利用该公司的存货周转率指标，分析该股的投资价值与投资风险。

1. 财务数据分析

表 3-1　财务数据统计表

期间	营业收入净额	平均存货总额	存货周转率
2007 年	154 亿元	18.33 亿元	8.4
2008 年	163 亿元	16.7 亿元	9.76
2009 年	174 亿元	20.55 亿元	8.47
2010 年	209 亿元	24.25 亿元	8.62
2011 年	242 亿元	26.7 亿元	9.06
2012 年	326 亿元	26.2 亿元	12.44
2013 年	299 亿元	36.05 亿元	8.29

（续表）

2014 年	346 亿元	34.15 亿元	10.13
2015 年	430 亿元	27.2 亿元	15.81
2016 年	338 亿元	33.1 亿元	10.21

根据天音控股（000829）2007 年到 2016 年的年度财务报告，可以分别获得该公司各年度的营业收入与平均存货数值，通过计算可以得出该公司各年度存货周转率的指标值。从这些数据可以看出，该公司的营业收入与平均存货从 2007 年起一直呈现持续增长的趋势，而存货周转率波动幅度较小。

2. 营业收入分析

根据表 3-1 列示的天音控股（000829）2007 年到 2016 年的营业收入净额数值，可以绘制出图 3-1 所示的折线图。从折线图中可以看出，该公司的营业收入自 2007 年开始一直呈现出持续上升的趋势。进入 2012 年后，公司

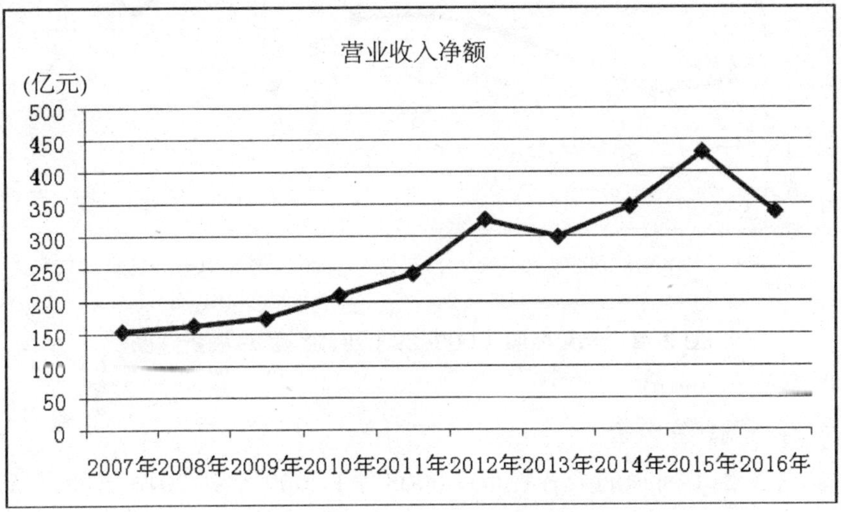

图 3-1　天音控股（000829）营业收入折线图

的营业收入出现拐点，出现小幅波动。2013 年，公司营业收入又重新回到了上升走势，直到 2015 年出现拐点。这一走势可能和公司的经营政策出现调整有关。

3. 平均存货总额分析

根据表 3-1 列示的天音控股（000829）2007 年到 2016 年的平均存货数值，可以绘制出图 3-2 所示的折线图。从折线图中可以看出，该公司的平均存货总额自 2007 年开始基本保持了持续上升的走势。但在进入 2012 年后，公司的平均存货出现大幅增加，随后平均存货总额又出现了小幅下滑。由此可以看出，2012 年公司的存货项目出现了异动，其原因可能是公司的产品出现问题，或者公司购进了大量的战略物资，真实原因有待进一步深入分析。

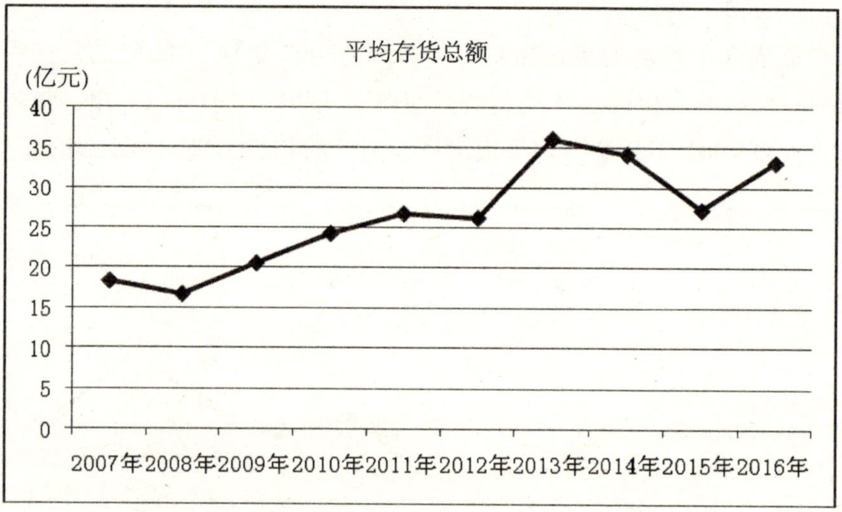

图 3-2　天音控股（000829）平均存货总额折线图

4. 存货周转率分析

根据表 3-1 列示的天音控股（000829）2007 年到 2016 年的存货周转率数值，可以绘制出图 3-3 所示的折线图。从折线图中可以看出，该公司的存货周转率从2007年开始总体走势比较平稳。其营业收入净额与平均存货总额在这一时期都出现了增长，表明公司在这一时期的存货周转率保持较好，日常经营情况良好。2012年，公司存货周转率出现了拐点，之后出现大幅波动的走势，表明公司在这一时期的日常经营状况发生了变化，因其平均存货总额在这一时期大幅增加，表明公司当期可能出现了产品滞销的状况。

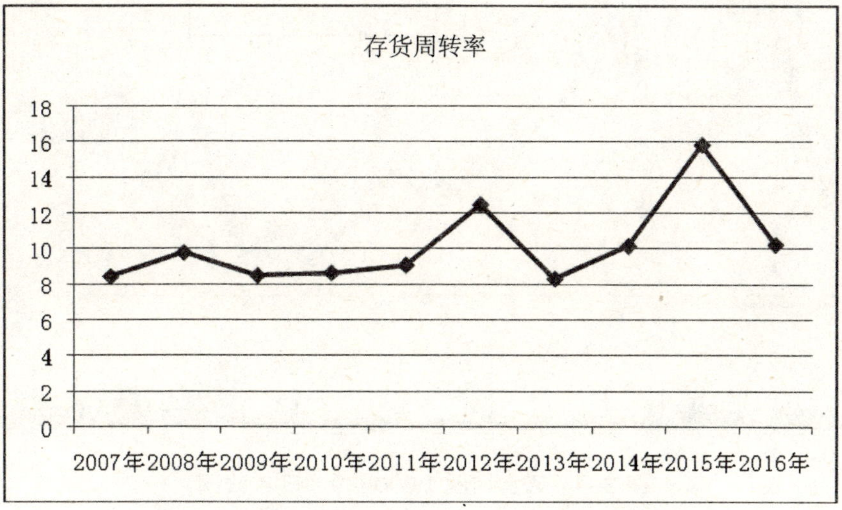

图3–3　天音控股（000829）存货周转率折线图

5. 股价走势分析

从图3–4天音控股（000829）的日K线图中可以看出，该股股价从2011年开始一直处于下行趋势，成交量也呈现出逐步萎缩的态势。该股出现这一走势，其原因是多方面的，除了A股整体处于熊市之外，公司较低的存货周转率也是重要原因之一。由于公司的平均存货总额在当期出现了大幅增长，使其存货周转率从2011年开始出现了大幅波动的走势，进而影响日常经营活动，导致公司的短期偿债能力及获利能力减弱。在没有基本面支撑的情况下，该股股价也呈现出持续下行的走势。

存货周转率是分析企业营运能力的重要指标之一，同时还可以用其评价企业的经营业绩，反映企业的绩效。

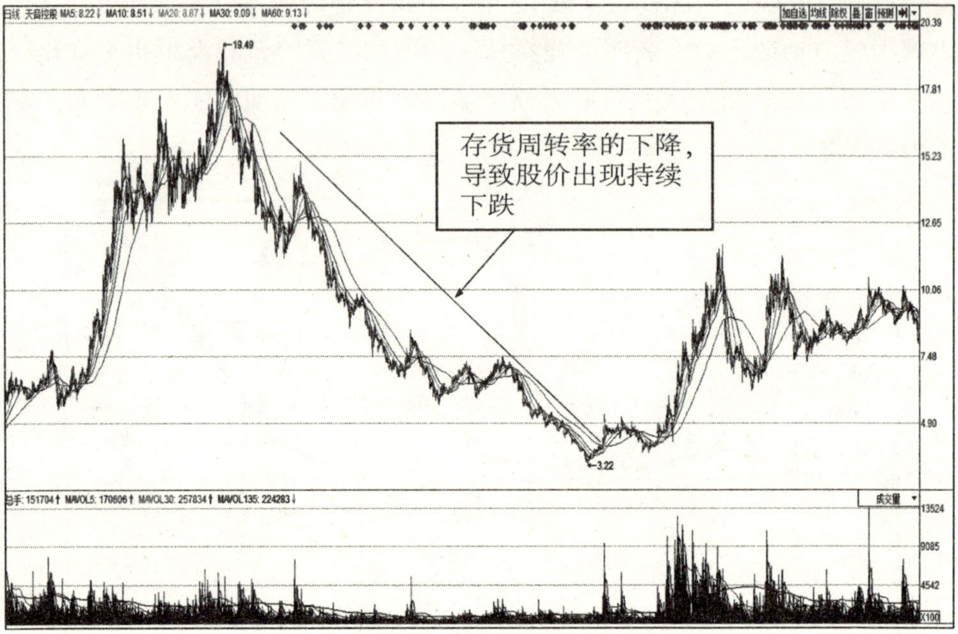

图 3–4　天音控股（000829）日 K 线图

第二节　应收账款周转率

应收账款周转率是用于衡量企业应收账款流动程度的指标，它是企业在一定时期内（通常为一年）营业收入与应收账款平均余额的比率。公司的应收账款在流动资产中具有举足轻重的地位，若应收账款能及时收回，则资金的使用效率能大幅提高，该指标就是反映公司应收账款周转速度的比率。

一般情况下，企业的应收账款周转率越高越好，表明企业收账速度快，平均收账期短，坏账损失少，资产流动快，偿债能力强。如果公司实际收回账款的天数越过了公司规定的应收账款天数，则说明债务人拖欠时间长，资信度低，增加了发生坏账损失的风险。同时也说明公司催收账款不力，使资产形成了呆账甚至坏账，造成流动资产不流动，这对企业正常的生产经营是很不利的。

从另一方面考虑，如果企业的应收账款周转率太高，则表明公司奉行较紧的信用政策，付款条件过于苛刻，这样会限制企业销售量的扩大，影响企业盈利水平的提高。

在实际应用中，有一些因素会影响应收账款周转率计算的正确性。

首先，由于公司生产经营的季节性原因，使应收账款周转率不能正确反映公司销售的实际情况。

其次，某些上市公司在产品销售过程中大量使用分期付款的方式。

再次，有些公司采取大量收取现金的方式进行销售。

最后，有些公司年末销售量大量增加或年末销售量大量下降。

投资者在分析该指标时，应将公司本期指标和公司前期指标、行业平均水平或其他类似公司的指标进行比较，以排除上述因素的影响。

一、指标解析

应收账款周转率是营业收入除以平均应收账款的比值，也就是年度内应收账款转为现金的平均次数，该指标通常是衡量企业应收账款流动程度的指标。

应收账款周转率的计算公式如下。

应收账款周转率＝营业收入净额 ÷ 平均应收账款总额

营业收入净额是指企业当期销售产品、商品、提供劳务等主要经营活动取得的收入减去折扣与折让后的数额，该数据可以取自利润分配表。

平均应收账款总额是指因销售商品、产品、提供劳务等应向购货单位或接受劳务单位收取的款项及票据，它是资产负债表中应收账款的期初、期末金额之和的平均数。其计算公式如下。

平均应收账款总额＝（应收账款期初数＋应收账款期末数）÷2

下面举例来简单说明应收账款周转率这一指标，以便投资者加深对该指标的理解。

根据某上市公司的财务资料，该公司2014年的应收账款期末数为1050万元，期初数为2000万元，当年的营业收入净额为4050万元，则该公司2014年度的应收账款周转率计算如下。

平均应收账款总额＝（1050+2000）÷2＝1525万元

应收账款周转率＝4050÷1525＝2.66

一般来说，应收账款周转率越高，说明企业应收账款回收越快。但应收账款周转率太高，会影响企业的盈利能力。

二、股市实战法则

投资者可以通过对比分析同等性质公司的应收账款周转率，来判断它们经营能力的强弱。一家有较强竞争力的公司，其产品供不应求，无需或者进行较少的赊销就可以达到销售目的，营业收入一般也不会有大幅下降，因此公司的应收账款周转率会保持较高的水平。这类上市公司的股票易于得到市场的认可，其股价自然会出现上涨行情。相反，如果企业的销售量大部分靠赊销完成，从另一方面证明，其产品的竞争力较差，应收账款周转率也常常较低。在应收账款周转率的影响下，该公司的股票很难被市场认可，其股价也难有较好的表现。

由于公司生产经营的周期性、季节性等原因，会使股价出现波段行情。企业进入销售旺季时，应收账款周转率会提高。企业进入销售淡季时，应收账款周转率会降低。投资者可以结合应收账款周转率的周期变化，提前预测个股的上升波段并进行布局，当公司的业绩达到峰值时再卖出股票。利用应收账款周转率的变化规律，可以进行短线或中长线投资。

投资者在分析企业应收账款周转率时，还应注意应收账款的账龄。企业财务政策不同，对应收账款的坏账计提也是不同的。实行稳健财务政策的公司，一般会将超过 3 年的应收账款计提坏账准备，有的公司则可能对超过 5 年的应收账款才计提坏账准备。这种不同的坏账准备政策，会对公司的流动资产以及总资产的真实性产生较大的影响，选择目标股票时，投资者应选择财务政策稳健的公司。

三、实战案例分析

下面以香江控股（600162）为例，利用该公司的应收账款周转率指标，分析该股的投资价值与投资风险。

1. 财务数据分析

表 3–2　财务数据统计表

期间	营业收入	平均应收账款	应收账款周转率
2007 年	12.0 亿元	0.38 亿元	31.58
2008 年	19.7 亿元	0.35 亿元	56.29
2009 年	21.7 亿元	0.35 亿元	62
2010 年	19.2 亿元	0.34 亿元	56.47
2011 年	13.0 亿元	0.32 亿元	40.63
2012 年	26.9 亿元	0.5 亿元	53.8
2013 年	29.2 亿元	0.49 亿元	59.59
2014 年	54.5 亿元	0.37 亿元	147.3
2015 年	42.3 亿元	0.46 亿元	91.96
2016 年	54.1 亿元	0.67 亿元	80.75

根据香江控股（600162）2007 年到 2016 年的年度财务报告，可以分别获得该公司各年度的营业收入与平均应收账款数值，通过计算得出该公司各年度应收账款周转率的指标值。从这些数据中可以看出，该公司的营

业收入从 2007 年起一直呈现出逐步增加的趋势，而平均应收账款的波动幅度则较小。

2. 营业收入分析

根据表 3-2 列示的香江控股（600162）2007 年到 2016 年的营业收入净额数值，可以绘制出图 3-5 所示的折线图。从折线图中可以看出，该公司的营业收入自 2007 年开始一直呈现出缓慢上升的趋势。进入 2009 年后，公司营业收入的走势出现了下滑态势。2011 年，公司营业收入出现拐点，营业收入净额出现快速增加的走势，表明这一时期公司的日常经营出现了明显改善。

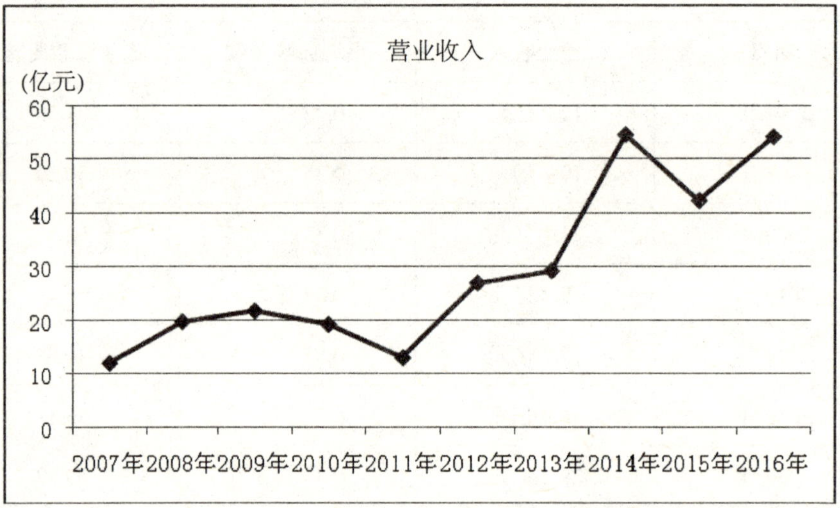

图 3-5　香江控股（600162）营业收入折线图

3. 平均应收账款总额分析

根据表 3-2 列示的香江控股（600162）2007 年到 2016 年的平均应收账款数值，可以绘制出图 3-6 所示的折线图。从折线图中可以看出，该公司的平均应收账款自 2007 年开始一直呈现出缓慢下滑的走势。进入 2011 年以后，公司平均应收账款出现了大幅增加。随后，平均应收账款的总额又重回下降趋势，并且在2014年出现拐点，呈现出逐渐大幅上涨走势。由此可以看出，该公司的应收账款项目在2011年出现了异动，出现这一变动的原因，可能和公司实行的财务政策有关。

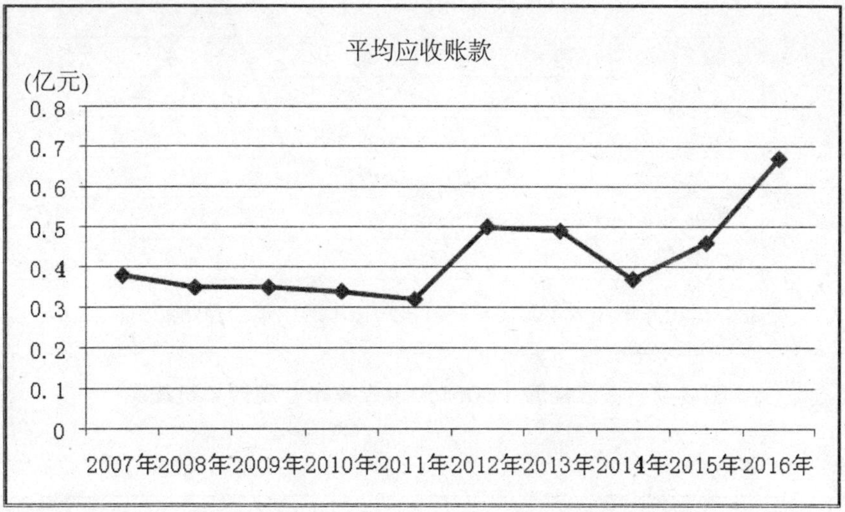

图 3-6　香江控股（600162）平均应收账款总额折线图

4. 应收账款周转率分析

根据表3-2列示的香江控股（600162）2007年到2016年应收账款周转率数值，可以绘制出图3-7所示的折线图。从折线图中可以看出，该公司的应收账款周转率从2007年开始逐步上升，之后出现了缓慢下滑。这一走势表明公司在这一时期实行了宽松的赊销政策，或者这一时期公司的产品销售出现了问题。2011年，公司的应收账款周转率出现了拐点，重新回到了攀升走势。特别是2014年出现了大幅的上升，表明公司的日常经营得到了改善，并且实行了较严格的收现政策，有利于公司现金利用率的提高。但是2015年、2016年，又出现了一定的回落。

5. 股价走势分析

从图3-8香江控股（600162）的日K线图中可以看出，该股股价2013年一直处于下行趋势，成交量也没有出现较大的放量。仔细分析可以发现，

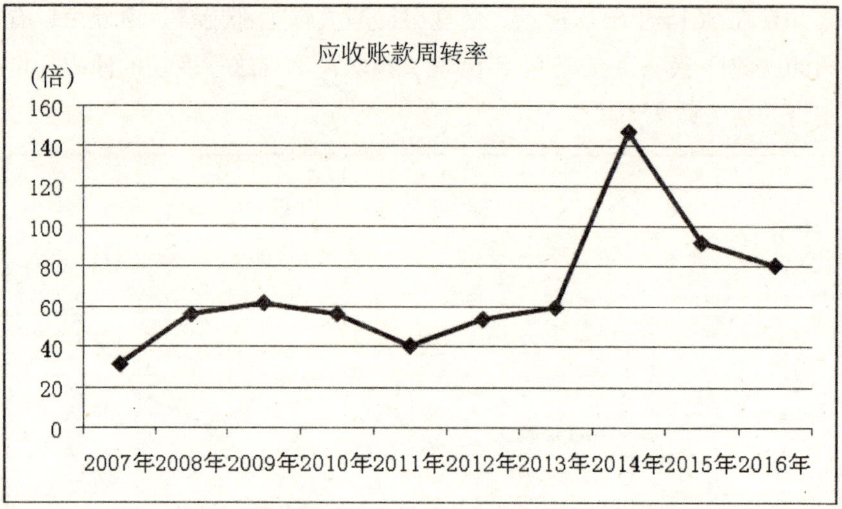

图 3–7　香江控股（600162）应收账款周转率折线图

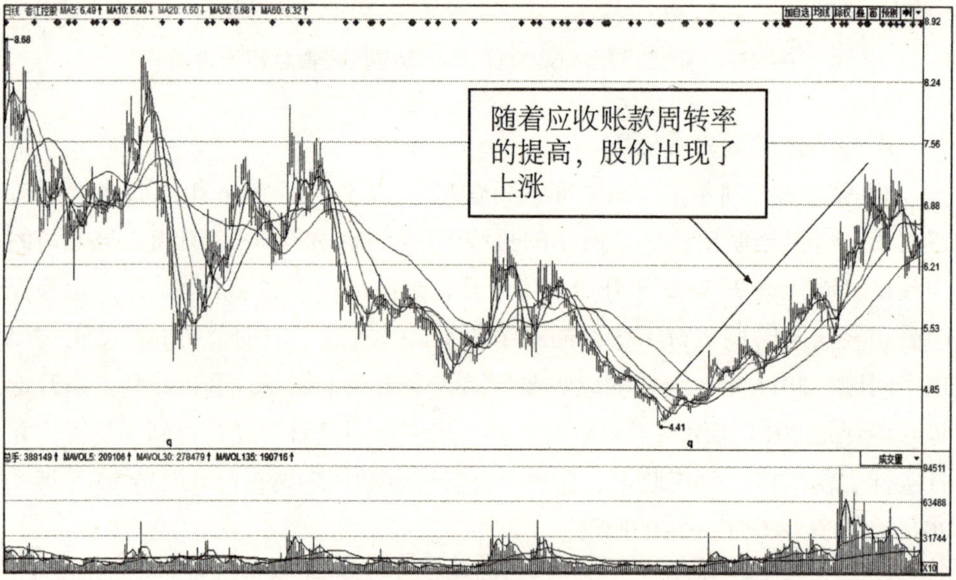

图 3–8　香江控股（600162）日 K 线图

导致公司股价出现持续下行的因素，除了A股整体处于熊市之外，公司较低的应收账款周转率也是重要原因之一。由于公司应收账款周转率一直处在较低水平，公司当年的日常经营活动可能受到影响。2014年，公司的应收账款周转率得到改善，使公司的坏账损失减少，资产流动加快，偿债能力也得到提升。在市场预期向好的前提下，公司的股价也出现了上涨行情。

投资者利用该指标分析目标公司时，应排除影响应收账款周转率计算的因素，以便对公司的应收账款作出合理评价。

第三节　流动资产周转率

流动资产周转率是指企业一定时期内主营业务收入净额与平均流动资产总额的比率，是评价企业资产利用率的一个重要指标。该指标对股价的变化没有直接影响，这种影响是通过企业对流动资产的使用效率转化为创收能力来实现的。流动资产周转率越高，表明企业的经营效率越高，越有利于创造收入，也就有利于股价持续稳定地上涨。

流动资产周转率是从企业中流动性最强的流动资产角度对企业资产的利用效率进行分析的，以进一步揭示影响企业资产质量的主要因素。要实现该指标的良性变动，应以主营业务收入增幅高于流动资产增幅做保证。通过对比分析该指标，可以促进企业加强内部管理，充分有效地利用流动资产，如降低成本，调动暂时闲置的货币资金用于短期投资创造收益等，还可以促进企业采取措施扩大销售，提高流动资产的综合使用效率。

一般情况下，在一定时期内（通常为1年），流动资产周转率越高，表明企业流动资产周转速度越快，利用越好。在较快的周转速度下，流动资产相对节约，相当于增加流动资产投入，在一定程度上增强了企业的盈利能力。在较慢的周转速度下，企业需要补充流动资金参加周转，会形成资金浪费，降低企业的盈利能力。企业要实现流动资产的良性循环，该项比率必须大于1。不过这一标准并不是绝对的，因为不同行业有不同的要求，该项指标还与企业的生产销售周期有关。

一、指标解析

流动资产周转率通常用来衡量企业资产的利用效率。一般来说，流动资产周转率越高，表明企业流动资产周转速度越快，资产利用越好，企业的创收盈利能力越高。

流动资产周转率的计算公式如下。

流动资产周转率＝营业收入净额 ÷ 平均流动资产总额

营业收入净额是指企业当期销售产品、商品、提供劳务等主要经营活动取得的收入减去折扣与折让后的数额，该数据可取自利润分配表。

平均流动资产总额是指企业流动资产总额的年初数与年末数的平均值，该数据可取自资产负债表。其计算公式如下。

平均流动资产总额＝（流动资产年初数＋流动资产年末数）÷2

下面举例来简单说明流动资产周转率这一指标，以便投资者加深对该指标的理解。

根据某上市公司的财务资料，该公司2014年的流动资产总额期末数为3050万元，期初数为1050万元，当年的营业收入净额为3500万元，则该公司2014年度的流动资产周转率计算如下。

平均流动资产总额＝（3050+1050）÷2 ＝ 2050万元

流动资产周转率＝ 3500÷2050 ＝ 1.71

流动资产周转率是考察企业流动资产利用效率的一项重要指标，反映了企业流动资产的利用效率和创收能力。实践中，投资者应熟练掌握，加以运用。

二、股市实战法则

投资者在进行实际投资时，以流动资产周转率来评估衡量公司的管理能力和创收能力。利用流动资产的效率评估企业的管理能力和创收能力，需要根据企业所处的行业特征来进行分析。不同性质的行业，有不同的流动资产结构，流动资产周转率的评判标准也是不同的。工业制造业的生产与库存往往较高，而商品零售业的库存则较低，一般工业制造业的流动资产周转率要低于商品零售业。投资者不能将这两个行业的上市公司的流动资产周转率进行对比，用以评判上市公司股票的优劣与投资价值。

投资者进行投资决策时，应将该指标与技术分析结合起来使用，以此来考察股票的表现情况。在实际交易中，不是流动资产周转率较高的股票就有投资价值，后市就会有良好的表现。对上市公司进行财务分析是为了衡量公司股票的风险程度、盈利能力和未来的发展趋势。基本面较好的上市公司股票是否能够有出色的表现，还要看市场投资者的认可度。技术分析刚好可以帮助投资者分析这一因素，进而更合理地作出决策。

流动资产周转率对企业的短期偿债能力有很大的影响，流动资产周转率越高，企业的财务流动风险相对越低。流动资产周转率越低，企业的财务流动风险相对越高。提高流动资产周转率有利于企业保持资产结构的流动性，提高其偿债能力，维护企业的商业信誉。投资者在选择目标股票时，可以利用流动资产周转率对企业进行多方位考察，以保障决策的合理性。

三、实战案例分析

下面以宁波中百（600857）为例，利用该公司的流动资产周转率指标来分析该股的投资价值与投资风险。

1. 财务数据分析

表 3–3 财务数据统计表

期间	营业收入	平均流动资产总额	流动资产周转率
2007 年	9.62 亿元	3.89 亿元	2.47
2008 年	9.6 亿元	3.78 亿元	2.54
2009 年	7.65 亿元	2.68 亿元	2.85

（续表）

2010 年	9.6 亿元	2.39 亿元	4.02
2011 年	12 亿元	2.66 亿元	4.51
2012 年	11.8 亿元	3.09 亿元	3.82
2013 年	14.8 亿元	3.3 亿元	4.48
2014 年	11.8 亿元	3.5 亿元	3.37
2015 年	10.8 亿元	3.78 亿元	2.86
2016 年	9.06 亿元	4.23 亿元	2.14

根据宁波中百（600857）2007 年到 2016 年公开的年度财务报告，可以分别取得该上市公司各年度的营业收入数值，通过计算获得该公司各年度的平均流动资产总额与流动资产周转率。从这些数据中可以看出，该公司的营业收入呈现出逐步增加的走势，而平均流动资产总额走势则比较平稳。

2. 营业收入分析

根据表 3–3 列示的宁波中百（600857）2007 年到 2016 年各年度营业收入的数值，可以绘制出图 3–9 所示的折线图。从折线图中可以看出，该公司的营业收入整体上处于逐步攀升的走势中，波动幅度较小。该公司的营业收入总额在 2008 年出现小幅下滑之后，2009 年便出现了拐点，一直呈现出持续稳定的上涨走势。直到 2013 年，该公司的营业收入才出现回调，出现下滑走势。

3. 平均流动资产总额分析

根据表 3–3 列示的宁波中百（600857）2007 年到 2016 年各年度平均流动资产总额的数值，可以绘制出图 3–10 所示的折线图。从折线图中可以看出，该公司的平均流动资产总额整体上呈现出一种“V”型走势。该公司的平均流动资产总额自 2007 年以来一直呈现出持续下滑的走势，但在 2010 年，该

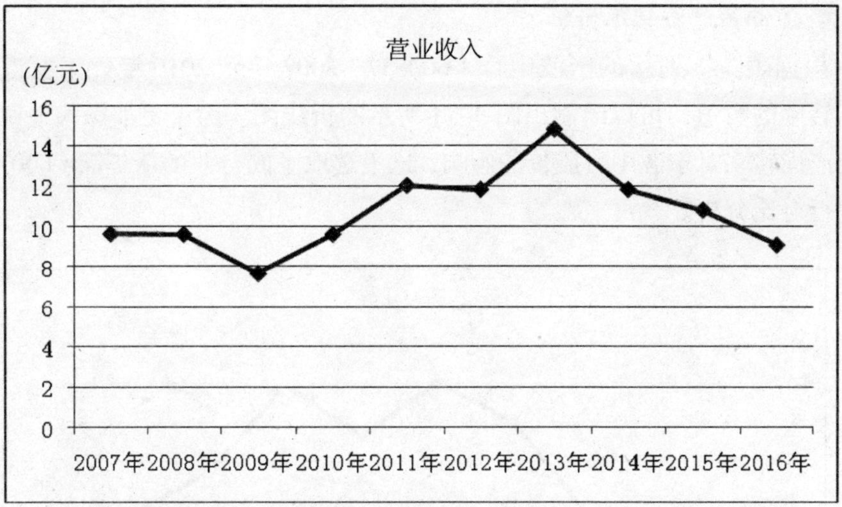

图 3-9　宁波中百（600857）营业收入折线图

公司平均资产总额的趋势出现拐点，开始呈现出向上攀升的态势。导致公司流动资产总额出现大幅增加的原因，可能是公司进行借贷融资，或者是其他因素。

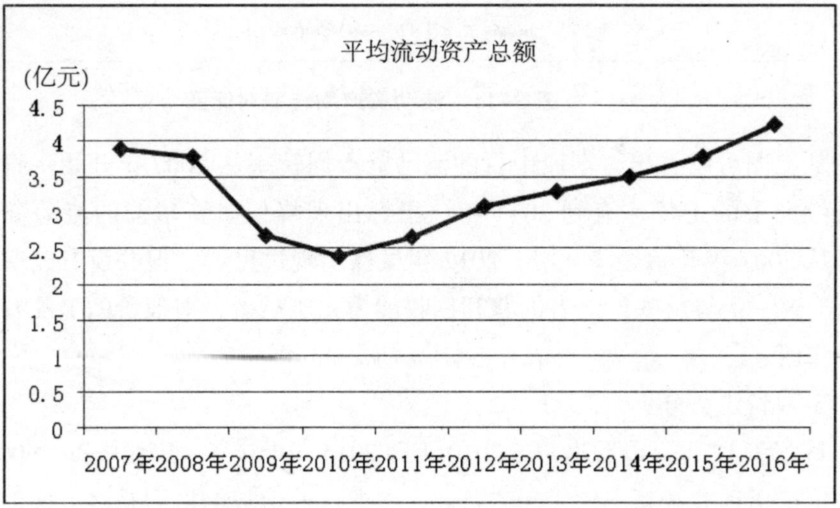

图 3-10　宁波中百（600857）平均流动资产总额折线图

4. 流动资产周转率分析

根据表 3-3 列示的宁波中百（600857）2007 年到 2016 年各年度流动资产周转率的数值，可以绘制出图 3-11 所示的折线图。为了更加深入地说明流动资产周转率对宁波中百股价的影响，这里选取了同行业的新华锦（600735）来进行对比分析。

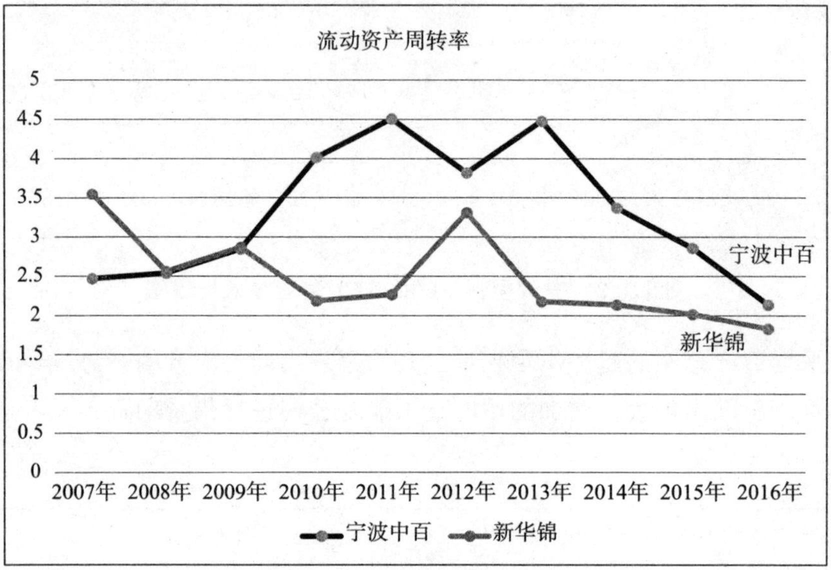

图 3-11　流动资产周转率对比图

从上图可以看出，宁波中百的流动资产周转率从 2007 年开始一直呈现出持续向上的走势，直到 2011 年该指标出现峰值。新华锦的流动资产周转率从 2007 年开始逐步下滑，2012 年虽然出现过反弹，但并没有改变基本走势。这一走势反映出前者的获利创收能力强于后者，对股价的上涨有一定推动作用。

5. 股价走势分析

从图 3-12 中可以看出，自 2010 年到 2015 年上半年，宁波中百（600857）的股价涨幅远大于新华锦（600735）。出现这种走势的原因是多方面的，但是宁波中百较高的流动资产周转率也是其中一个重要的原因。一般情况下，流动资产周转率越高，表明企业的经营效率越高，越有利于企业创造收入，也就有利于股价持续稳定地上涨。新华锦较低的流动资产周转率，使投资者对公司的前景预期并不乐观，在无法得到市场认同的情况下，股价就很难有良好的表现，而宁波中百的表现则远远好于前者。

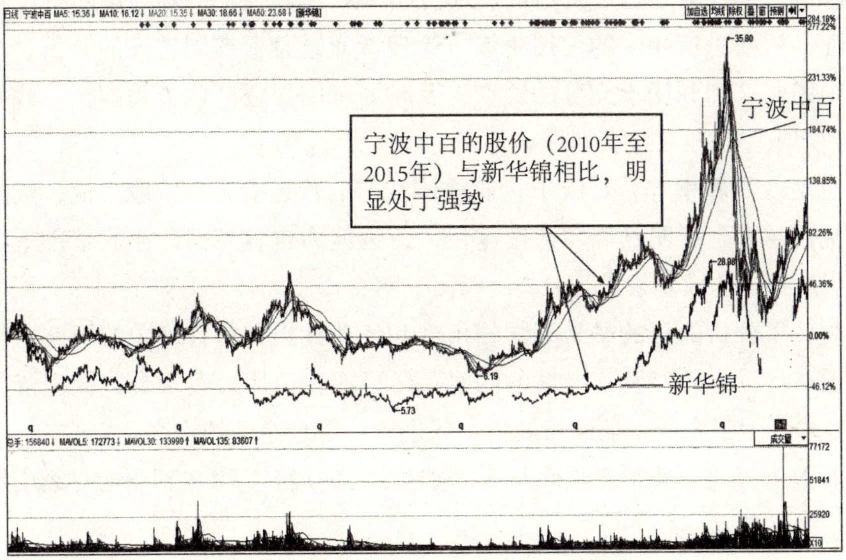

图 3-12　宁波中百、新华锦日 K 线图

公司要实现流动资产的良性循环，流动资产周转率应大于 1。但这一标准并不是绝对的，因为不同行业有不同的要求。

第四节　总资产周转率

总资产周转率是指企业在一定时期内业务收入净额与平均资产总额的比率。总资产周转率是用来综合评价企业全部资产经营质量和利用效率的重要指标。传统理论认为，总资产周转率越大，说明总资产周转越快，企业利用总资产的效率越高。总资产周转率越小，说明总资产周转越慢，企业利用总资产的效率越低。

不同报表的使用人衡量与分析总资产周转率的目的各不相同。股东通过总资产周转率分析来判断企业财务安全性及资产的收益能力，以进行相应的投资决策。债权人通过总资产周转率分析来判断其债权的物质保障程度或其安全性，从而进行相应的信用决策。管理者通过总资产周转率的分析，可以发现闲置资产和利用不充分的资产，及时处理闲置资产以节约资金，或提高资产利用效率以改善经营业绩。

总资产周转率综合反映了企业整体资产的营运能力。一般来说，资产的周转次数越多，表明其周转速度越快，营运能力也就越强。在此基础上，应进一步从各个构成要素进行分析，以便查明总资产周转率升降的原因。例如，存货周转率分析的目的是从不同的角度和环节找出存货管理中的问题，使存货管理在保证生产经营连续性的同时，尽可能少占用经营资金，提高资金的使用效率，增强企业短期偿债能力，促进企业管理水平的提高。

企业可以通过薄利多销的办法，加速资产的周转，带来利润绝对额增加。

一、指标解析

总资产周转率是比较常用的衡量企业资产经营质量和利用效率的指标。一般来说，总资产周转率较大的股票，其投资价值较高。总资产周转率较小的股票，其投资价值较低。但在实际投资决策中，投资者还应结合市场环境与行业特性进行综合判断。

总资产周转率的计算公式如下。

总资产周转率＝营业收入净额 ÷ 平均资产总额

营业收入净额是指企业当期主要经营活动取得的收入减去折扣与折让后的数额，数据可以取自利润分配表。

平均资产总额是指企业资产总额年期初数与年期末数的平均值，数值取自资产负债表。

平均资产总额＝（年初资产总额＋年末资产总额）÷2

下面举例来简单说明总资产周转率这一指标，以便投资者加深对该指标的理解。

根据某上市公司的财务资料，该公司 2014 年末的资产总额期末数为 2000 万元，期初数为 1500 万元，当年的营业收入净额为 3000 万元，则该公司 2014 年度的总资产周转率计算如下。

平均资产总额＝（2000+1500）÷2 ＝ 1750 万元

总资产周转率＝ 3000÷1750 ＝ 1.71

总资产周转率是考察企业资产运营效率的一项重要指标，体现了企业经营期间全部资产从投入到产出的流转速度，反映了企业全部资产的管理质量和利用效率。投资者应熟练掌握，加以运用。

二、股市实战法则

总资产周转率对股价的影响是间接的，它从侧面反映了企业的经营效率与管理能力，用于衡量企业的未来发展形势。如果某一企业的总资产周转率长期低于竞争对手，则表明该企业在运用资产资源方面不如对手，其股价也会受到影响，不会有良好的表现。投资者在进行投资决策时，应尽量选择总资产周转率较高且保持稳定的个股进行投资。

分析对比同类公司的总资产周转率，可以判断企业的优劣状况，进而衡量公司股价的风险程度，同时作出投资决策。在相同的行业中，或生产相同产品的公司中，投资者应选择总资产周转率较高的企业进行投资，因为这些企业在利用同等资源的情况下，在相同的时间内可以创造出更多的利润，容易受到市场的认可，其股价也易于出现上涨。

投资者可以利用总资产周转率对公司的盈利状况进行分析。若某公司的当期盈利出现大幅增加，市盈率大幅下降，那么可以查看该公司的总资产周转率变化情况。如果公司的资产总额和总资产周转率并没有发生较大变化，则公司的盈利并不是通过主要业务活动取得的，那么该股并不适合中长期投资者持有。

利用总资产周转率进行投资决策时，应结合其他财务指标进行分析，不能仅凭该指标对个股是否具备投资价值作出判断。比如对股价产生直接影响的资产回报率，总资产周转率就对其产生主要的影响。

三、实战案例分析

下面以双汇发展（000895）为例，利用该公司的总资产周转率指标来分析该股的投资价值与投资风险。

1. 财务数据分析

表 3–4　财务数据统计表

期间	营业收入	平均资产总额	总资产周转率
2007 年	218 亿元	38.54 亿元	5.66
2008 年	260 亿元	42.4 亿元	6.13
2009 年	284 亿元	51.05 亿元	5.56
2010 年	363 亿元	64.5 亿元	5.62
2011 年	358 亿元	118.75 亿元	3.01
2012 年	397 亿元	166.5 亿元	2.38
2013 年	450 亿元	182 亿元	2.47
2014 年	457 亿元	208.5 亿元	2.18
2015 年	447 亿元	224.5 亿元	2
2016 年	518 亿元	221.5 亿元	2.34

根据双汇发展（000895）2007 年到 2016 年公开的年度财务报告，可以分别取得该上市公司各年度的营业收入与平均资产总额数值，通过计算获得该公司各年度的总资产周转率。从这些数据中可以看出，该公司的营业收入与平均资产总额呈现逐步增加的走势，而总资产周转率则出现了持续下滑的趋势。

2. 营业收入分析

根据表 3–4 列示的双汇发展（000895）2007 年到 2016 年各年度营业收入数值，可以绘制出图 3–13 所示的折线图。从折线图中可以看出，该公司的营业收入整体上处在逐步攀升的走势中，波动幅度较小。自 2007 年开始，该公司的营业收入总额一直呈现出持续稳定的上涨走势，并且逐年保持较高的增长速度，直到 2014 年才出现小幅放缓，但并未跌破前期记录，之后开始稳步上涨的走势。

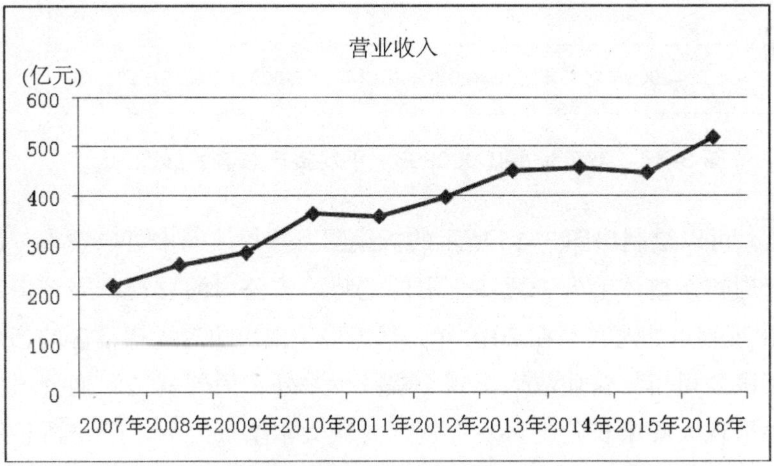

图 3–13　双汇发展（000895）营业收入折线图

3. 平均资产总额分析

根据表 3–4 列示的双汇发展（000895）2007 年到 2016 年各年度平均资产总额数值，可以绘制出图 3–14 所示的折线图。从折线图中可以看出，该公司的平均资产总额整体上处于逐步攀升的走势中。该公司的平均资产总额自 2007 年以来一直呈现出持续的上涨走势，但在 2010 年增长速度突然加快，到 2012 年又出现拐点，开始逐步放缓。由此可见，公司的平均资产总额在 2010 年出现异动，其原因可能是公司的增发交易或者借贷融资。

4. 总资产周转率分析

根据表 3–4 列示的双汇发展（000895）2007 年到 2016 年各年度总资产

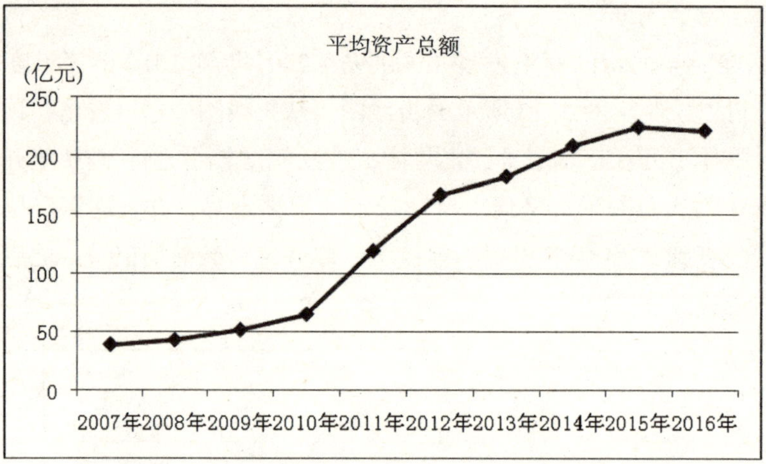

图 3–14 双汇发展（000895）平均资产总额折线图

周转率数值，可以绘制出图 3–15 所示的折线图。从折线图中可以看出，该公司的总资产周转率整体上处于逐步下滑的趋势。该公司的总资产周转率走势在 2008 年出现拐点，尤其是在 2010 年，其走势呈现出快速大幅下滑的态势。其原因除了该公司当年营业收入出现小幅减少之外，另外就是同期公司的平均资产总额呈现大幅增长的走势。在资产总额大幅增加之后，公司再想保持较高的总资产周转率是非常困难的，所以后期出现下滑也在情理之中。

5. 股价走势分析

从图 3–16 双汇发展（000895）的日 K 线图中可以看出，该股股价在前期处于持续上涨的走势之中，虽然其成交量没有出现较大幅的放大，但是股价还是在 2010 年创出了新高。出现这一走势的原因，应是当年公司发行股份购买资产，市场对该交易抱有较大的预期，对股价进行了一次大幅炒作。但是随着交易的完成，市场热情减退，股价进入持续的震荡向下趋势。同时，由于公司资产总额大幅增加，导致总资产周转率大幅下滑，挫伤了投资者的信心，间接促使股价逐步下滑。

总资产周转率反映了企业整体资产的营运能力，一般来说，资产的周转次数越多，表明其周转速度越快，营运能力也就越强。

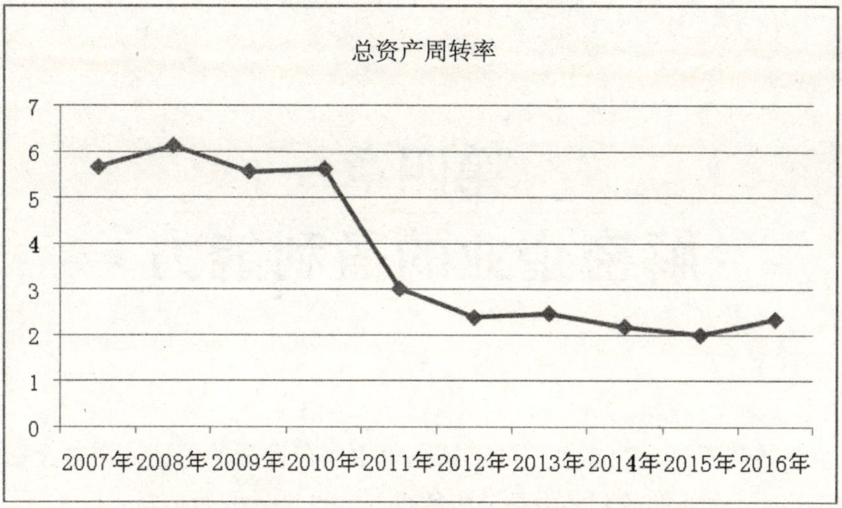

图 3-15　双汇发展（000895）总资产周转率折线图

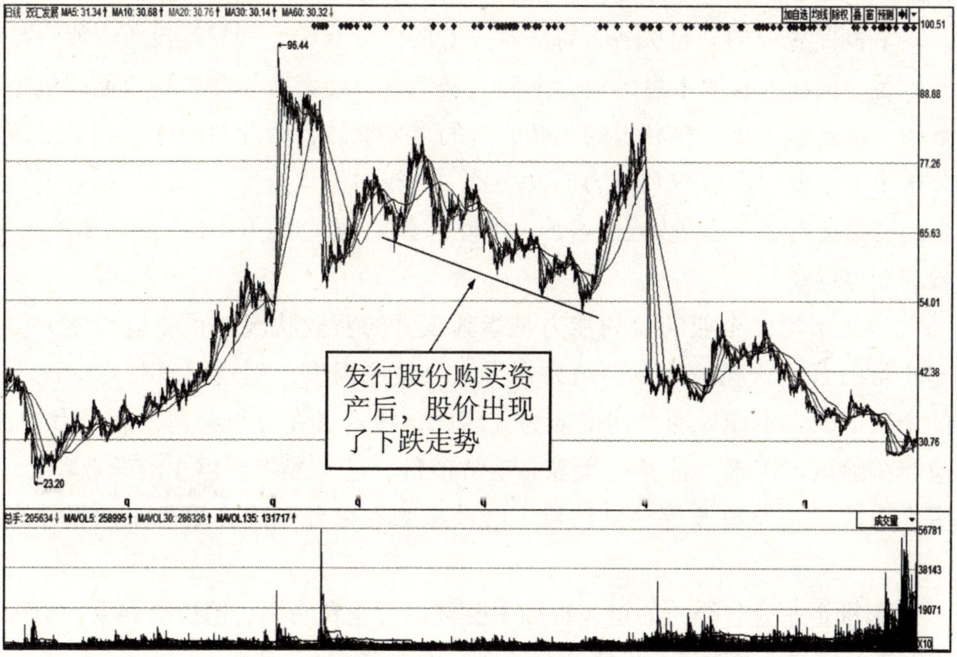

图 3-16　双汇发展（000895）日 K 线图

第四章 解密企业的盈利能力

企业的利润是企业在激烈的市场竞争中生存发展的保证，在对投资标的进行分析时，企业的盈利能力是分析的重点，也是分析的必要项目。

企业的盈利能力是指企业获取利润的能力，也称为企业的资金或资本增值能力，通常表现为一定时期内企业收益数额的多少及其水平的高低。

利润是企业内外有关各方都非常关心的中心问题，利润是投资者取得投资收益、债权人收取本息的资金来源，是经营者经营业绩和管理效能的集中表现，也是职工集体福利设施不断完善的重要保障，因此对企业盈利能力的分析十分重要。企业盈利能力的大小是一个相对的概念，即利润是相对于一定的资源投入、一定的收入而言的。利润率越高，盈利能力越强。利润率越低，盈利能力越差。

一般来说，企业的盈利能力是指其正常的营业状况取得收益的能力。非正常的营业状况虽然也会给公司带来收益或损失，但这只是特殊情况下的个别情况，不能说明公司的能力。因此，投资者在分析公司盈利能力时，应当排除以下因素：证券买卖等非正常项目、已经或将要停止的营业项目、重大事故或法律更改等特别项目、会计准则和财务制度变更带来的累计影响等。

衡量企业盈利能力的财务指标主要包括营业利润率、销售毛利率、销售净利率、资产净利润率、净资产收益率、市盈率等。

第一节　营业利润率

营业利润率是指企业的营业利润与营业收入的比率。该指标是衡量企业经营效率的指标，反映了在不考虑非营业成本的情况下，企业管理者通过经营获取利润的能力。营业利润率表明企业通过日常生产经营活动获得利润的能力，该比率指标值越高，说明企业商品销售额提供的营业利润越多，企业的盈利能力越强。反之，营业利润率指标值越低，说明企业商品销售额提供的营业利润越少，企业的盈利能力越弱。

企业营业利润率的高低主要取决于两个项目——营业利润与营业收入。营业利润是指企业在销售商品、提供劳务等日常活动中产生的利润。营业利润是企业最基本经营活动的成果，也是企业一定时期获得利润中最主要、最稳定的来源。营业利润永远是商业经济活动中的行为目标，没有足够的利润企业就无法继续生存，没有足够的利润，企业就无法继续扩大发展。

营业收入是指企业在从事销售商品、提供劳务和让渡资产使用权等日常经营业务过程中形成的经济利益的总流入。营业收入的实现关系到企业正常的生产活动。加强营业收入管理，可以使企业的各种耗费得到合理补偿，有利于再生产活动的顺利进行。加强营业收入管理，可以促使企业深入研究和了解市场的需求变化，以便作出正确的经营决策。

投资者在分析营业利润率时，应进一步分析公司的营业利润与营业收入，及其获取营业利润率出现变化异动的深层次原因，进而对投资标的作出更加理性的分析结论。

一、指标解析

营业利润率的计算公式如下。

营业利润率＝营业利润 ÷ 营业收入 ×100%

营业利润是指企业在销售商品、提供劳务等日常活动中产生的利润，其内容为主营业务利润和其他业务利润扣除期间费用之后的余额。该数据可以从公司发布的利润分配表中取得。

营业收入是指企业当期销售产品、商品、提供劳务等主要经营活动取得的收入减去折扣与折让后的数额，该数据可以从公司发布的利润分配表中取得。

下面举例来简单说明营业利润率这一指标，以便投资者加深对该指标的理解。

根据某上市公司的财务资料，该公司 2014 年的营业收入为 4050 万元，营业利润为 2500 万元，则该公司 2014 年度的营业利润率计算如下。

营业利润率＝ $2500 \div 4050 \times 100\% = 61.73\%$

一般情况下，企业的营业利润率越高，说明企业商品销售额提供的营业利润越多，企业的盈利能力越强。反之，企业的营业利润率越低，说明企业商品销售额提供的营业利润越少，企业的盈利能力越弱。投资者需要在实际活动中熟练应用。

二、股市实战法则

在实际投资活动中，利用营业利润率评估上市公司时，可以将该公司的当期指标值与其历史指标值进行对比，以掌握该公司的盈利能力发展趋势。同时，投资者也可以将公司的营业利润率与同行业的竞争对手来进行对比。如果公司的营业利润率相对高于竞争对手，并且历史走势比较平稳，则说明公司的盈利能力和未来的发展潜力都好过对手。反之，则说明公司的盈利能力和未来的发展潜力与对手相比都较差。

在分析上市公司的营业利润率时，应注重该指标的变化趋势与稳定性。有时候，上市公司的经营业绩会出现大起大落的走势，导致这一走势的原因通常是多方面的，这些因素也常常会使上市公司的股价出现大幅波动，从而增加投资活动的风险。投资者在选择投资目标时，应更多地注意公司盈利能力比较稳定且走势比较连续的标的，营业利润率的波动幅度应在一个合理的区间内，这样的公司其投资风险相对较低。

一般情况下，股票市场的投资者都比较青睐行业板块的龙头股，龙头股相对于行业内其他公司的股票更容易出现上涨行情，营业利润率可以帮助投资者找到这些具有投资价值的股票。在市场处于牛市行情时，龙头股往往会先于其他个股出现上涨行情，此时公司的基本面情况则是其出现上涨行情的重要推动因素。投资者可以利用营业利润率指标来寻找那些盈利能力较强，具有上涨潜力的投资标的，提前进行布局，以获取投资收益。

三、实战案例分析

下面以贵州茅台（600519）为例，利用该公司的营业利润率指标，分析该股的投资价值与投资风险。

1. 财务数据分析

表 4–1　财务数据统计表

期间	营业利润	营业收入	营业利润率（%）
2007 年	45.3 亿元	72.4 亿元	62.57
2008 年	53.9 亿元	82.4 亿元	65.41
2009 年	60.8 亿元	96.7 亿元	62.87
2010 年	71.6 亿元	116 亿元	61.72
2011 年	123 亿元	184 亿元	66.85
2012 年	188 亿元	265 亿元	70.94
2013 年	218 亿元	309 亿元	70.55
2014 年	221 亿元	316 亿元	69.94
2015 年	222 亿元	327 亿元	67.89
2016 年	243 亿元	389 亿元	62.47

根据贵州茅台（600519）2007年到2016年公开的年度财务报告，可以分别取得该上市公司各年度的营业利润与营业收入数值，通过计算可以获得该公司各年度的营业利润率。从这些数据中可以看出，该公司的营业利润与营业收入呈现出逐步增加的走势，而营业利润率则保持在一定的浮动范围内。

2. 营业利润分析

根据表4–1列示的贵州茅台（600519）2007年到2016年各年度营业利润的数值，可以绘制出图4–1所示的折线图。从折线图中可以看出，该公司的营业利润整体上处于逐步攀升的走势中。从2007年到2010年，公司的营业利润增长速度较慢。2010年之后，公司的营业利润出现了快速增长。但在2014年之后，其营业利润增长速度出现了放缓迹象。

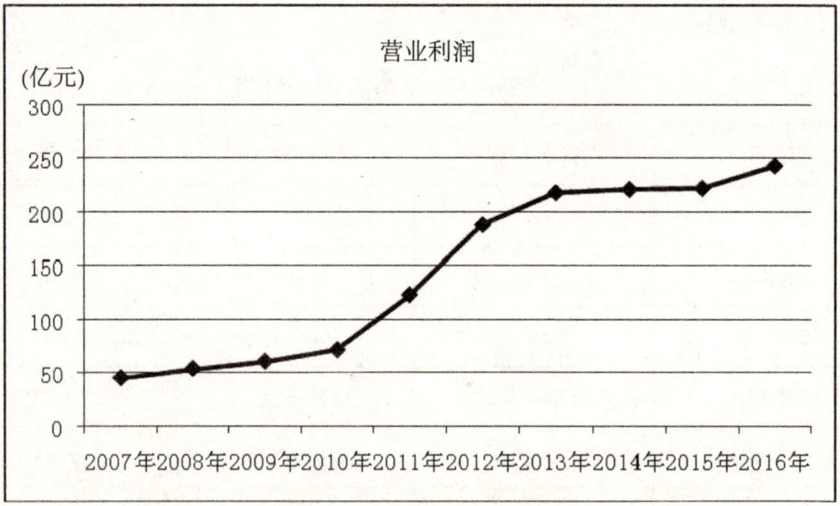

图4–1 贵州茅台（600519）营业利润折线图

3. 营业收入分析

根据表4–1列示的贵州茅台（600519）2007年到2016年各年度营业收入数值，可以绘制出图4–2所示的折线图。从折线图中可以看出，该公司的营业收入整体上保持了逐步攀升的走势。从2007年到2010年，公司的营业收入增长速度较慢。2010年之后，公司的营业收入出现了快速增长。但在

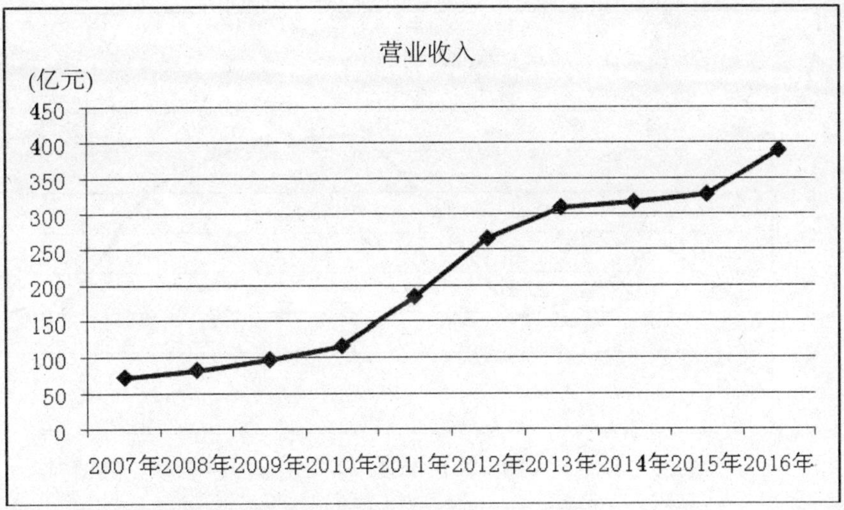

图 4–2　贵州茅台（600519）营业收入折线图

2014 年之后，其营业收入增长速度出现了放缓迹象。以上分析表明，该公司的营业利润与营业收入走势比较一致，公司的经营情况比较稳定。

4. 营业利润率分析

根据表 4–1 列示的贵州茅台（600519）2007 年到 2016 年各年度营业利润率数值，可以绘制出图 4–3 所示的折线图。从折线图中可以看出，该公司的营业利润率总体处在稳步攀升的走势中。2007 年，公司的营业利润率出现大幅增长之后，2008 年，其营业利润率出现了大幅下滑的走势。到 2010 年，营业利润率下滑走势出现了拐点。在保持了两年的高速增长之后，到 2012 年，公司的营业利润率又出现了下滑。该公司的营业利润率出现这一走势的原因是多方面的，但与公司的营业利润增长速度在当期出现放缓有关。

5. 股价走势分析

从图 4–4 贵州茅台（600519）的日 K 线图中可以看出，该公司的股票价格在 2010 年到 2012 年期间基本上都处在上涨走势之中，并且股价突破了前期高点，创出了新高，同时，成交量也出现了不同程度的放大。进入 2013 年之后，随着回调压力的增大，股价开始进入下跌行情。该股股价出现这一走势，

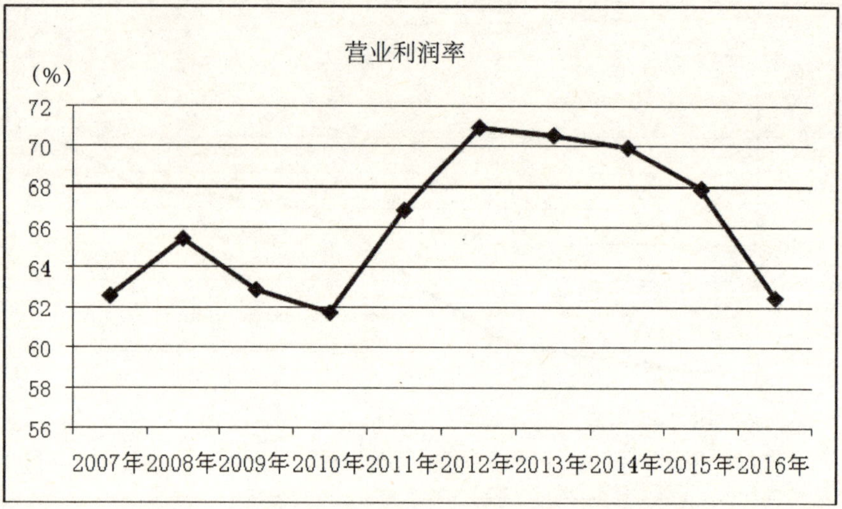

图 4–3　贵州茅台（600519）营业利润率折线图

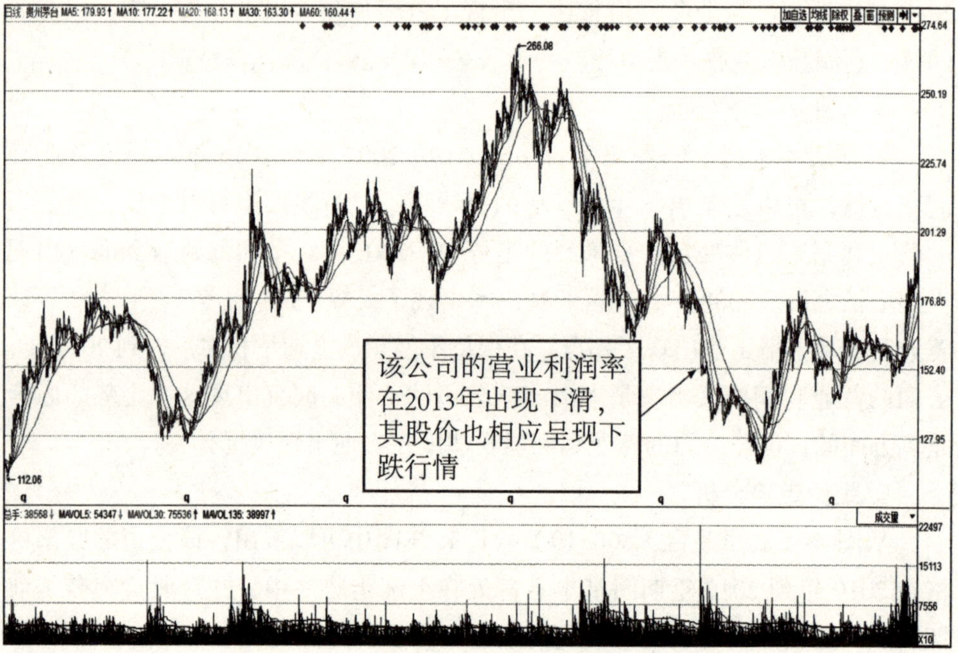

图 4–4　贵州茅台（600519）日 K 线图

其原因是多方面的，公司的营业利润率也是重要因素之一。从 2012 年开始，公司的营业利润率出现了持续下滑，表明其盈利能力出现了下降，进而拖累了股价，使其出现了下跌走势。

利用营业利润率评价企业的盈利能力时，要更注重企业主要业务相关的整体盈利能力，与销售毛利率相比较为笼统。

第二节　销售毛利率

销售毛利率是销售毛利与销售收入（或营业收入）的百分比，其中销售毛利是收入与相对应的营业成本之间的差额。销售毛利率指标主要根据企业的利润表项目计算得出，投资者、审计人员或公司经理等报表使用者可以从中分析得出自己所需要的企业信息。

在价值投资理念在中国证券市场逐渐确立其地位时，上市公司的盈利能力成了反映公司价值的一个重要方面。公司的盈利能力越强，其给予股东的回报越高，公司股票的价值越大。在分析盈利能力时，要注重公司主营业务的盈利能力。销售毛利率是上市公司的重要经营指标，能反映公司产品的竞争力和获利潜力。该指标反映了企业产品销售的初始获利能力，是企业净利润的起点。若没有足够高的销售毛利率，就无法形成较大的盈利。

在实际应用该指标进行分析时，要注意与公司所属行业的平均水平进行比较。如果公司的销售毛利率显著高于同业水平，说明公司产品附加值高，与同行比较，该公司存在成本上的优势，具有竞争力。同时，注意与行业的历史数据进行比较。如果公司的销售毛利率显著提高，则可能是公司所在行业处于复苏时期，产品价格大幅上升。在这种情况下，投资者需考虑这种价格的上升是否能持续，公司将来的盈利能力是否有保证。

相反，如果公司销售毛利率显著降低，则可能是公司所在行业竞争激烈，指标值的下降往往伴随着价格战的爆发或成本失控，这种情况预示产品盈利能力将下降。

一、指标解析

销售毛利率表示每一元销售收入扣除销售成本后，有多少钱可以用于各项期间费用和形成盈利。销售毛利率是企业销售净利率的最初基础，没有足够大的销售毛利率，便不能实现盈利。

销售毛利率的计算公式如下。

销售毛利率=销售毛利 ÷ 营业收入 ×100%

销售毛利是指销售收入扣除主营业务的直接成本后的利润部分，其中直接成本不包括企业的管理费用、财务费用、销售费用、税收等。其计算公式如下。

销售毛利=营业收入－营业成本

营业收入是指企业当期销售产品、商品、提供劳务等主要经营活动取得的收入减去折扣与折让后的数额，该数据可以从公司发布的利润分配表中取得。

下面举例来简单说明销售毛利率这一指标，以便投资者加深对该指标的理解。

根据某上市公司的财务资料，该公司2014年的营业收入为3500万元，营业成本为1500万元，则该公司2014年度的销售毛利率计算如下。

销售毛利= 3500－1500 = 2000万元

销售毛利率= 2000÷3500×100% = 57.14%

通常情况下，高科技行业的毛利率比普通产业的毛利率高，新兴产业的毛利率比传统产业、夕阳产业的毛利率高。

二、股市实战法则

销售毛利率指标有助于投资者预测上市公司的发展，衡量上市公司的成长性。在分析公司主营业务的盈利空间和变化趋势时，销售毛利率是一个重要的指标。该指标的优点在于可以对公司某一主要产品或主要业务的盈利状况进行分析，这对于判断公司核心竞争力的变化趋势及其成长性极有益处。

销售毛利率指标有助于评价上市公司经理人员的经营业绩，较好的经营业绩有利于公司股票的持续上涨。现代企业所有权与经营权分离，企业经理人员的薪酬要和企业的经营业绩挂钩。产品销售毛利率的提高，在一定程度上反映产品获利能力增加，所以该指标可以作为衡量经理人员经营业绩的指标之一。优秀的经理人员能使公司拥有较好的发展前景，这一趋势也可以通过该指标表现出来，公司的股票也会在公司业绩的支持下出现上涨行情。

销售毛利率指标有助于投资者发现上市公司是否隐瞒销售收入或者虚报销售成本，及时规避问题公司，降低投资风险。投资者根据计算获得的公司销售毛利率指标，观察其波动是否在正常范围内，可以推测公司是否有通过虚报销售收入和隐瞒销售成本来虚增利润之嫌，以便及时调整投资策略，规避财务风险。

销售毛利率指标有助于投资者发现上市公司潜在的问题，及时规避投资风险较高的股票。通过公司销售毛利率的变动，投资者可以发现公司近期经营业绩的好坏，及时找出经营管理中存在的问题，以规避那些投资风险较高的投资标的。

三、实战案例分析

下面以杰瑞股份（002353）为例，利用该公司的销售毛利率指标，分析该股的投资价值与投资风险。

1. 财务数据分析

表 4–2 财务数据统计表

期间	销售毛利	营业收入	销售毛利率（%）
2007 年	0.94 亿元	3.09 亿元	30.42
2008 年	1.49 亿元	4.39 亿元	33.94
2009 年	2.57 亿元	6.80 亿元	37.79
2010 年	3.93 亿元	9.44 亿元	41.63
2011 年	6.27 亿元	14.6 亿元	42.95

（续表）

2012 年	10.1 亿元	23.8 亿元	42.44
2013 年	16.2 亿元	37.0 亿元	43.78
2014 年	20.3 亿元	44.6 亿元	45.52
2015 年	9.1 亿元	28.3 亿元	32.16
2016 年	7.5 亿元	28.3 亿元	26.5

根据杰瑞股份（002353）2007 年到 2014 年公开的年度财务报告，可以分别取得该上市公司各年度的营业收入，通过计算获得该公司各年度的销售毛利与销售毛利率。从这些数据中可以看出，该公司的营业收入与销售毛利基本上呈现逐步增加的走势，销售毛利率也呈现出攀升走势。

2. 销售毛利分析

根据表 4–2 列示的杰瑞股份（002353）2007 年到 2016 年各年度销售毛利数值，可以绘制出图 4–5 所示的折线图。从折线图中可以看出，该公司的

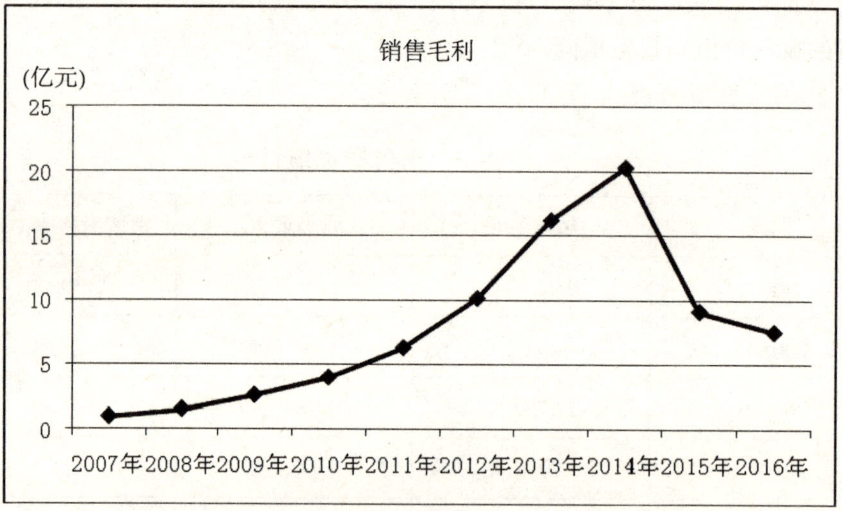

图 4–5　杰瑞股份（002353）销售毛利折线图

销售毛利总体上处在逐步上升的走势中。从 2007 年到 2010 年，公司的销售毛利增长速度较慢。到 2010 年之后，公司的销售毛利出现了快速增加。不过在 2014 年，其销售毛利增长速度出现了拐点，出现下滑走势。

3. 营业收入分析

根据表 4–2 列示的杰瑞股份（002353）2007 年到 2016 年各年度营业收入数值，可以绘制出图 4–6 所示的折线图。从折线图中可以看出，该公司的营业收入在总体上与销售毛利走势相似，都处在逐步上升的趋势中。从 2007 年到 2010 年，公司的营业收入增长速度较为缓慢。2010 年之后，公司营业收入出现了明显的快速增长。在 2014 年，其营业收入增长速度出现了拐点，出现下滑走势。由此看出，公司营业收入的这一变化过程与其销售毛利较为相似。

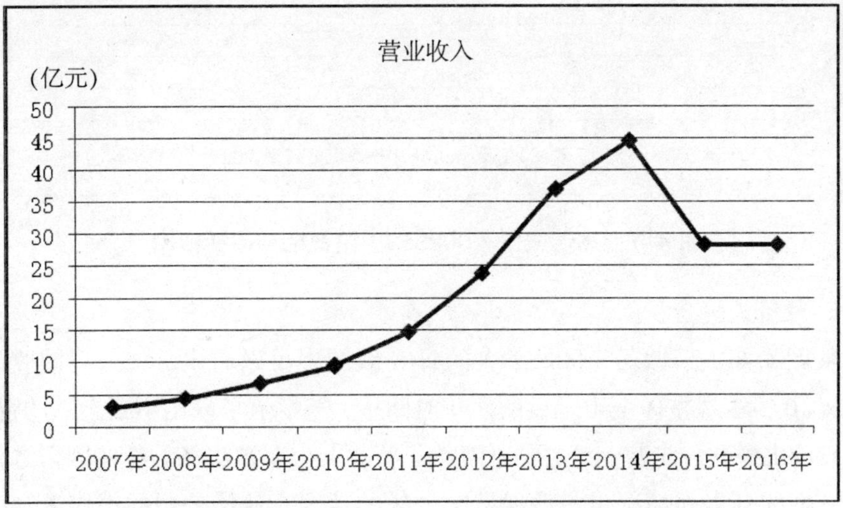

图 4–6 杰瑞股份（002353）营业收入折线图

4. 销售毛利率分析

根据表 4–2 列示的杰瑞股份（002353）2007 年到 2016 年各年度销售毛利率数值，可以绘制出图 4–7 所示的折线图。从折线图中可以看出，该公司的销售毛利率从 2007 年开始总体上呈现出不断攀升的走势。2010 年，公司销售毛利率的增长速度出现放缓迹象，而在 2012 年，公司的销售毛利率增长速度出现了轻微下滑，但随后其走势又重新回到了上升趋势，直到 2014 年出现拐点，出现下滑。该公司的销售毛利率出现这一走势的原因是多方面的，其中在 2010 年公司实现整体上市，可能是公司销售毛利率出现放缓下滑的主要原因之一。

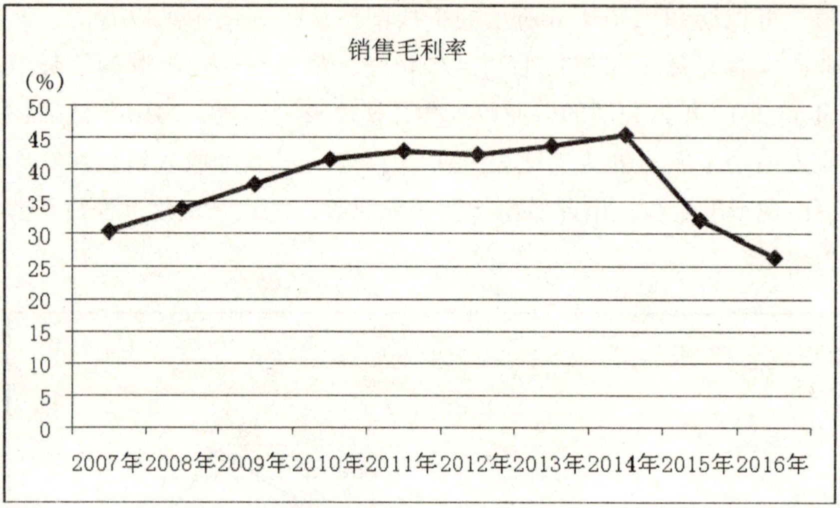

图 4–7　杰瑞股份（002353）销售毛利率折线图

5. 股价走势分析

从图 4–8 杰瑞股份（002353）的日 K 线图中可以看出，该公司的股票价格从 2010 年实现整体上市之后的两年时间里，基本上呈现出不断上涨的行情。该股股价出现这一走势，其主要原因除了新股上市有被市场炒作的因素之外，公司良好的基本面情况也是该股持续上扬的动因。从该公司的销售毛利率走势来看，在公司实现上市之前，其销售业绩就呈现出良好的走势，为公司上市后股票的持续上涨提供了非常重要的支持。同时，投资者在分析时，还应该结合公司的其他财务数据进行综合判断。

在分析公司主营业务的盈利空间和变化趋势时，销售毛利率是一个重要的指标，投资者在实际应用中要多加注意。

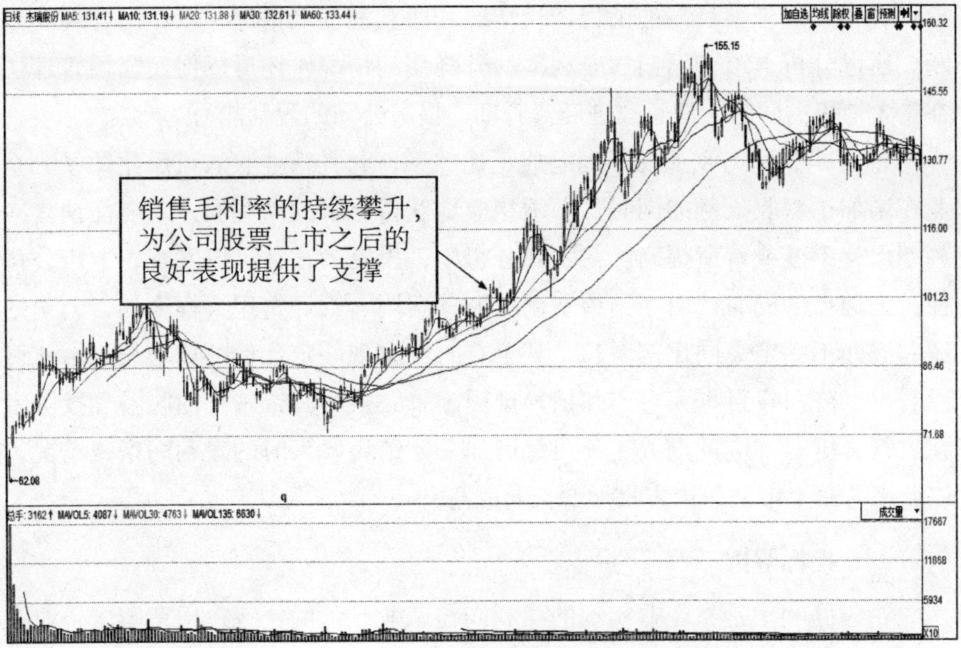

图 4–8　杰瑞股份（002353）日 K 线图

第三节　销售净利率

销售净利率又称为销售净利润率，是指企业实现的净利润与营业收入的比率，该指标用来衡量企业在一定时期内获取营业收入的能力。同时，销售净利率也反映了企业每一元销售收入带来的净利润多少，表示销售收入的收益水平。一般来说，该指标值越大，说明企业销售的盈利能力越强。该指标值越小，说明企业销售的盈利能力越弱。

某一公司如果能保持良好的持续增长的销售净利率，应该说该公司的财务状况是良好的，但是并不能绝对地说公司的销售净利率越大越好。此时，投资者还必须考察公司的销售增长情况和净利润变动情况，以作出合理的判断。通过分析上市公司销售净利率的升降变动情况，还可以促使公司管理层在扩大销售的同时，注意改进经营管理，提高公司的盈利能力。

销售净利率与企业的净利润成正比关系，与其营业收入成反比关系。企业在增加销售收入额的同时，必须相应地获得更多的净利润，才能使销售净利率保持不变或有所提高。在实际分析中，投资者往往可以发现，上市公司在扩大销售的同时，由于销售费用、财务费用、管理费用大幅增加，公司的净利润并不一定会同比例增长，甚至有时会出现一定比例的负增长。由此可以看出，公司盲目扩大生产和销售规模，未必会为其带来正的收益。投资者在进行分析时，应重点关注公司每增加一元销售收入时的净利润增减情况，以此来考察上市公司销售收入增长的效益。

一、指标解析

销售净利率是指企业实现的净利润与营业收入的比率，用来衡量企业在一定时期获取销售收入的能力。该比率越高，说明企业的获利能力越强。该指标受行业特点的影响较大，在分析时应该结合不同行业的具体情况进行分析。

销售净利率的计算公式如下。

销售净利率＝净利润 ÷ 营业收入 ×100%

净利润是指在企业利润总额中按规定交纳了所得税后公司的利润留成，一般也称为税后利润。净利润是一个企业经营的最终成果，该数据可从公司发布的利润分配表中取得。

营业收入是指企业当期销售产品、商品、提供劳务等主要经营活动取得的收入减去折扣与折让后的数额，该数据可以从公司发布的利润分配表中取得。

下面举例来简单说明销售净利率这一指标，以便投资者加深对该指标的理解。

根据某上市公司的财务资料，该公司 2014 年的营业收入为 4500 万元，净利润为 3500 万元，则该公司 2014 年度的销售净利率计算如下。

销售净利率 $= 3050 \div 4500 \times 100\% = 67.78\%$

一般来讲，销售净利率越高，说明企业销售的盈利能力越强。但并不能绝对地认为销售净利率越高越好，投资者还必须看企业的销售增长情况和净利润的变动情况才能作出判断。

二、股市实战法则

销售净利率反映了公司销售收入的盈利水平。销售净利率较高或提高，说明公司的获利能力较高或提高。销售净利率较低或降低，说明公司的成本费用支出较高或上升。此时，投资者应进一步分析其原因，是营业成本上升还是公司降价销售，是营业费用过多还是投资收益减少，以便更好地对公司经营状况作出判断，对公司股价作出比较合理的估值。

投资者在进行销售净利率分析时，可以对上市公司连续几年的指标数值进行分析，从而测定销售净利率的发展变化趋势。同样，也可将公司的指标数值与其他公司指标数值，或同行业平均水平进行对比，从而评价公司盈利能力的高低，进而判断公司所处的行业地位以及发展前景，制定相应的投资策略。

投资者在实际分析中会发现，上市公司的销售净利率有时候会突然上升。导致这一走势的原因是多方面的，但其中最主要的因素是公司成本费用大幅减少。若进一步分析公司成本费用大幅减少的原因，可能会有几种情况。比如，公司费用摊销导致，或者是公司库存原材料价格出现了上浮，也可能是以上几种因素共同影响，导致公司的成本费用出现减少。

传统理论认为，上市公司的销售净利率越高，说明其获利能力越强。但需要注意的是，销售净利率受行业特点影响较大，对于不同行业的公司来讲，该指标值差异悬殊。投资者在实际分析中，应结合目标公司所属行业的特性进行考察。

三、实战案例分析

下面以锦龙股份（000712）为例，利用该公司的销售毛利率指标，分析该股的投资价值与投资风险。

1. 财务数据分析

表 4-3　财务数据统计表

期间	净利润	营业收入	销售净利率（%）
2007 年	0.86 亿元	2.56 亿元	33.59
2008 年	0.21 亿元	0.87 亿元	24.14
2009 年	2.00 亿元	1.62 亿元	123.46
2010 年	1.55 亿元	0.88 亿元	176.14
2011 年	0.22 亿元	0.96 亿元	22.92
2012 年	0.24 亿元	0.95 亿元	25.26
2013 年	0.53 亿元	3.43 亿元	15.45
2014 年	3.87 亿元	11.4 亿元	33.95
2015 年	9.13 亿元	29.3 亿元	31.16
2016 年	3.66 亿元	22.1 亿元	16.56

根据锦龙股份（000712）2007 年到 2016 年公开的年度财务报告，可以分别取得该上市公司各年度的净利润和营业收入，通过计算可以获得该公司各年度的销售净利率。从这些数据中可以看出，该公司的营业收入与净利润波动幅度较大，但净利润总体呈现上涨走势，营业收入则总体呈现下滑态势。

2. 净利润分析

根据表 4-3 列示的锦龙股份（000712）2007 年到 2016 年各年度净利润数值，可以绘制出图 4-9 所示的折线图。从折线图中可以看出，2007 年公司净利润出现下滑之后，到 2008 年净利润出现拐点，呈现上升走势。不过反弹走势到 2009 年终止，走势又重新回到下滑态势，2011 年才逐步企稳并逐步攀升，在 2015 年出现峰值，随后出现下滑走势。需要注意的是，公司 2013 年

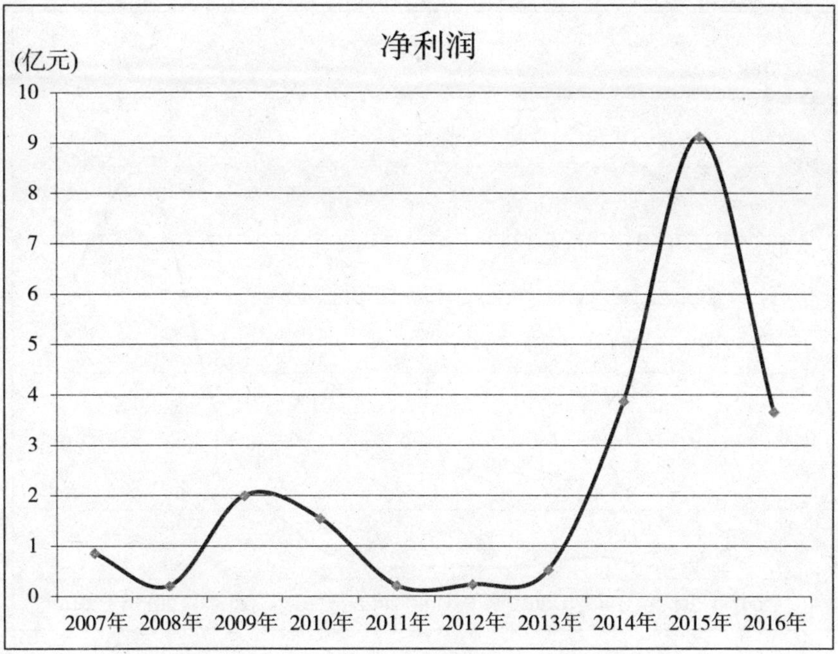

图 4–9　锦龙股份（000712）净利润折线图

净利润出现大幅增加，应进一步分析这一异动的内在原因。

3. 营业收入分析

根据表 4–3 列示的锦龙股份（000712）2007 年到 2016 年各年度营业收入数值，可以绘制出图 4–10 所示的折线图。从折线图中可以看出，该公司的营业收入总体上处在逐步上涨的趋势中。2007 年，公司的营业收入出现小幅下滑。2008 年，营业收入走势企稳，2012 年出现反弹。但到 2015 年，其营业收入又重新回到下滑走势中。自 2012 年到 2015 年，公司的营业收入出现大幅增长，表明公司的日常经营活动好转。

4. 销售净利率分析

根据表 4–3 列示的锦龙股份（000712）2007 年到 2016 年各年度销售净利率数值，可以绘制出图 4–11 所示的折线图。从折线图中可以看出，该公司的销售净利率从 2008 年开始总体上处于上升走势。但在 2010 年，公司的销

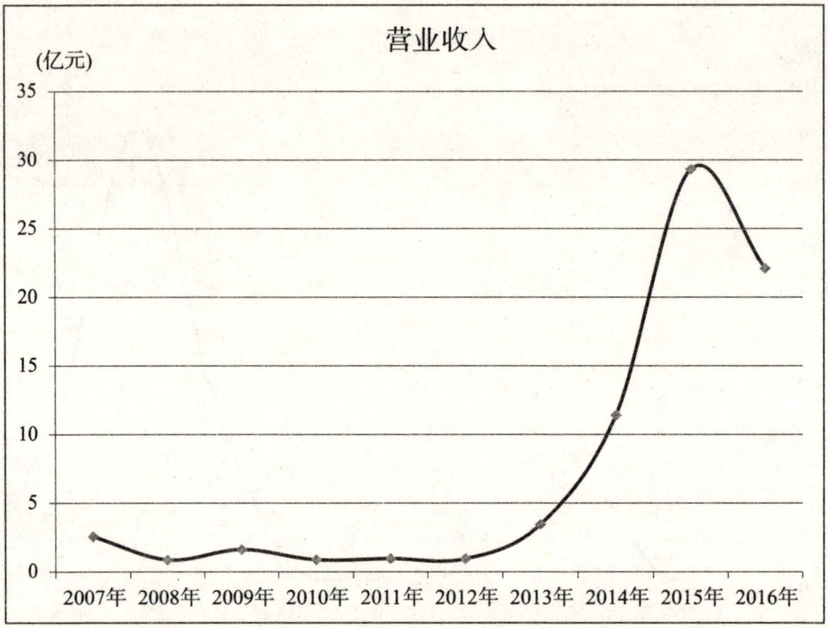

图 4–10　锦龙股份（000712）营业收入折线图

售净利率出现拐点，开始下滑。在之后的几年时间里，该指标走势比较平稳，没有出现较大波动。需要注意的是，销售净利率在 2013 年出现小幅的增长，结合公司的净利润与营业收入走势可知，导致这一异动的原因可能来自公司的其他收入。

5. 股价走势分析

从图 4–12 锦龙股份（000712）的日 K 线图中可以看出，该公司的股票价格从 2008 年开始出现持续上涨，同时成交量也出现了较大幅度的放量。到 2010 年，公司股价逐渐企稳，进入横盘整理走势。之后由于回调压力增加，以及成交量不断萎缩，股价开始了下跌行情。直到 2013 年，公司股价在成交量的配合下重回涨势，并出现大幅上涨行情。公司股价出现这一走势，和其销售净利率的异动有一定的关系。不过个股股价的这一走势炒作意味较浓，投资者应把握好离场时机。

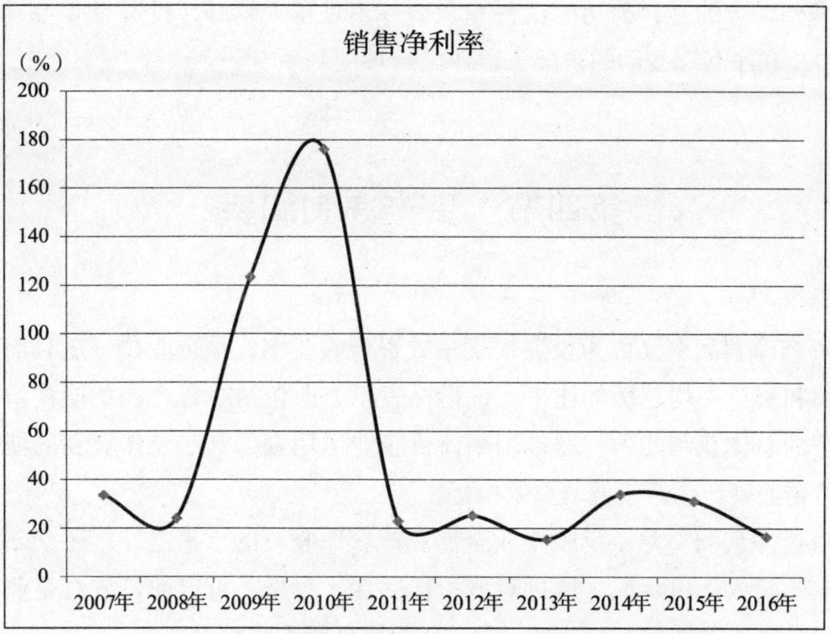

图 4–11　锦龙股份（000712）销售净利率折线图

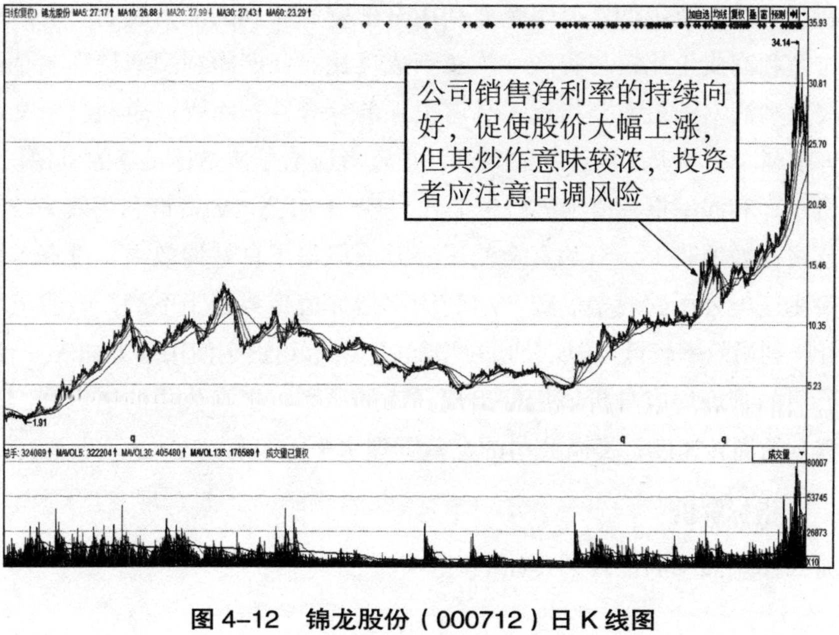

图 4–12　锦龙股份（000712）日 K 线图

需要注意的是，公司的销售净利率并不是越大越好，投资者应考察公司销售增长和净利润变动的情况，以作出合理的判断。

第四节　资产净利润率

资产净利润率又称为投资报酬率或资产收益率，是企业在一定时期内的净利润和资产平均总额的比率。该指标表示企业包括净资产和负债在内的全部资产的总体获利能力，通常用来评价企业运用全部资产总体获利的能力，是评价企业资产运营效益的重要指标。

资产净利润率除了反映企业全部资产获取收益的水平之外，还全面反映了企业的投入产出状况。通过对该指标的深入分析，可以使各方对企业资产经营情况有一个更深入的了解，促进企业提高资产收益水平。

资产净利润率指标值越高，说明企业利用全部资产获利的能力越强。资产净利润率指标值越低，说明企业利用全部资产获利的能力越弱。资产净利润率与净利润成正比，与资产平均总额成反比。资产净利润率是影响企业所有者权益利润率的最重要指标，具有很强的综合性，而资产净利润率又取决于销售净利润率和资产周转率的高低，投资者应给予该指标足够的重视。

资产净利润率指标值走势趋于上升，表明上市公司的资产利用效率较高，说明公司在增加收入、节约资金使用等方面取得了良好的效果，投资者也应更加关注这类公司的股票。资产净利润率指标值走势趋于下滑，表明上市公司的资产利用效率较低，说明公司在增加收入、节约资金使用等方面表现较差。此时公司的管理层应分析该指标出现异动的原因，提高公司的销售利润率，加速资金的周转速度，提高公司的经营管理水平。

一、指标解析

资产净利润率的计算公式如下。

资产净利润率=净利润 ÷ 资产平均总额 ×100%

净利润是指在利润总额中按规定交纳了所得税后公司的利润留成，一般也称为税后利润。净利润是一个企业经营的最终成果，它是衡量一个企业经营效益的主要指标，该数据可以从公司发布的利润分配表中取得。

资产平均总额是指企业资产总额期初数与期末数的平均值，该数值取自资产负债表。

资产平均总额=（年初资产总额 + 年末资产总额）÷ 2

下面举例来简单说明资产净利润率这一指标，以便投资者加深对该指标的理解。

根据某上市公司的财务资料，该公司 2014 年的税后净利润为 1050 万元，资产总额期末数为 5500 万元，期初数为 4500 万元，则该公司 2014 年度的资产净利润率计算如下。

资产平均总额=（5500+4500）÷ 2 = 5000

资产净利润率= 1050 ÷ 5000 × 100% = 21%

资产净利润率是反映企业资产综合利用效果的指标，也是衡量企业利用债权人和所有者权益总额取得盈利的重要指标。

二、股市实战法则

资产净利润率通常用来评价企业管理者运用各种来源的资金获取报酬的能力，其评价方面主要包括两部分，其一是企业的负债，其二是企业的所有者权益或自有资本。需要注意的是，利息费用是公司给予债权人所提供资产的报酬，而所得税则是企业对国家所尽的无偿义务，只有税后利润才是最终归属于企业所有的权益。投资者在计算全部资产报酬率时，可在净利润的基础上加上利息费用，以便正确评价企业资产的运营效率。

投资者在实际运用资产净利润率时需要注意，若仅仅计算某一上市公司某一年度的指标值，往往很难对该公司的盈利能力作出比较全面的评估。投资者通常需要计算连续几个年度的资产净利润率，然后对其走势进行分析，进而得出比较准确合理的判断。

投资者可以将某一公司的资产净利润率与其竞争对手相比较，以判断其获利能力与竞争对手相比所处的水平。同时，如果能获得同行业的相关数据，可将公司的资产净利润率与同行业的平均水平进行比较，以进一步提高分析评价的质量。

资产净利润率表示企业全部资产获取收益的水平，全面反映了企业的获利能力和投入产出状况。同时，投资者可以将该指标与市场资本利率进行比较，如果该指标大于市场利润率，则表明企业可以充分利用财务杠杆进行负债经营，同时获取更多的收益。上市公司收益提高，则会促使其股价进一步上涨。投资者可以选择合理的时机对此类上市公司进行投资，获取收益。

三、实战案例分析

下面以大商股份（600694）为例，利用该公司的资产净利润率指标，来分析该股的投资价值与投资风险。

1. 财务数据分析

表 4–4　财务数据统计表

期间	净利润	资产平均总额	资产净利润率（%）
2007 年	3.03 亿元	84.55 亿元	3.58
2008 年	2.32 亿元	92.9 亿元	2.5
2009 年	–0.12 亿元	102.45 亿元	–0.12
2010 年	1.22 亿元	114.5 亿元	1.07
2011 年	2.74 亿元	125.5 亿元	2.18
2012 年	9.77 亿元	137 亿元	7.13
2013 年	11.8 亿元	146 亿元	8.08
2014 年	12.3 亿元	149 亿元	8.26
2015 年	6.62 亿元	157 亿元	4.2
2016 年	7.03 亿元	172.5 亿元	4.07

根据大商股份（600694）2007年到2016年公开的年度财务报告，可以分别取得该上市公司各年度的净利润，通过计算可以获得该公司各年度的资产平均总额和资产净利润率数值。从这些数据中可以看出，该公司的净利润与资产平均总额总体保持逐步增加的走势，而资产净利润率总体上呈现稳步上涨的趋势。

2. 净利润分析

根据表4-4列示的大商股份（600694）2007年到2016年各年度净利润数值，可以绘制出图4-13所示的折线图。从折线图中可以看出，该公司的净利润自2007年出现下滑走势，并且在2009年出现了负值。到2009年之后，公司的净利润开始稳步回升，特别是在2011年，该公司净利润出现了大幅增加，表明公司已摆脱日常经营问题，回到正常的发展轨道。

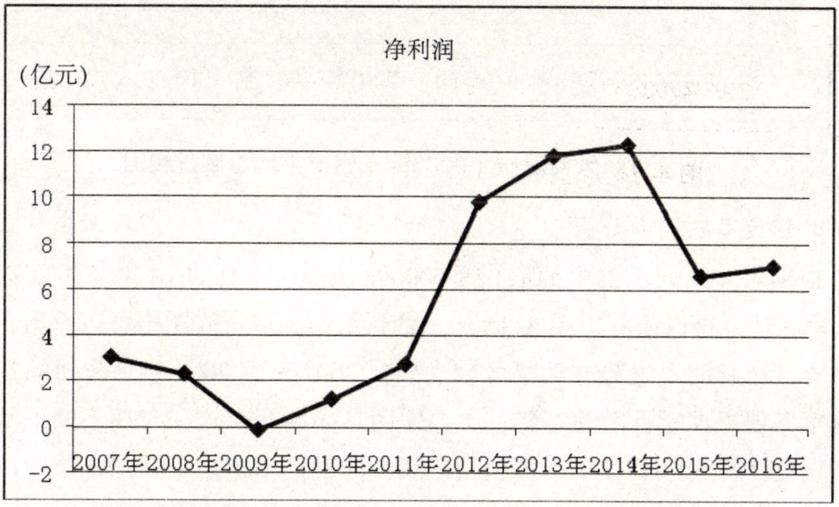

图4-13 大商股份（600694）净利润折线图

3. 资产平均总额分析

根据表4-4列示的大商股份（600694）2007年到2016年各年度资产平均总额数值，可以绘制出图4-14所示的折线图。从折线图中可以看出，该公司的资产平均总额整体呈现出不断增加的走势，并且从走势图中可以看出，各年度的增长速度几乎相同。直到 2013 年，公司的资产平均总额增长速度才出现放缓迹象。2007 年，该公司的资产平均总额为 84.55 亿元，而到 2016 年，其资产平均总额为 172.5 亿元，出现了翻倍的增长。

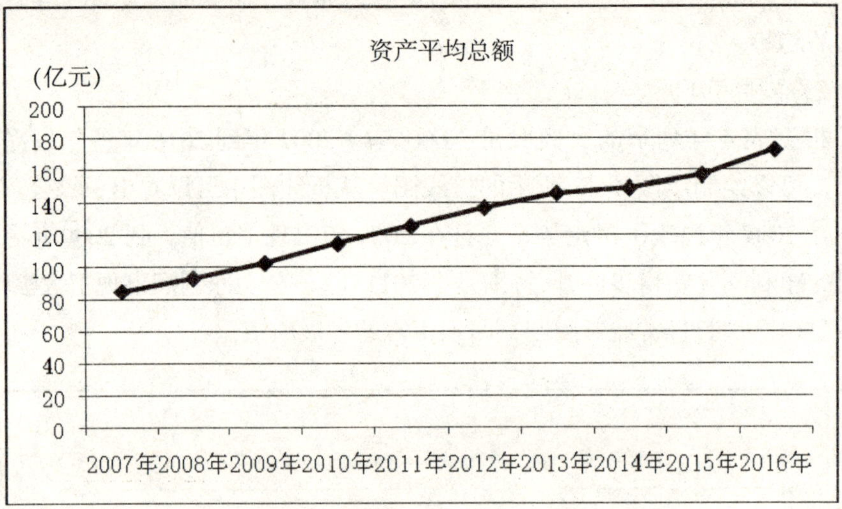

图 4–14 大商股份（600694）资产平均总额折线图

4. 资产净利润率分析

根据表 4–4 列示的大商股份（600694）2007 年到 2016 年各年度资产净利润率数值，可以绘制出图 4–15 所示的折线图。从折线图中可以看出，该公司的资产净利润率走势波动幅度较大。自 2007 年到 2009 年，公司的资产净利润率出现了不断下滑的态势，主要原因是净利润在这一时期不断下滑，并且呈现负值所致。2009 年，该公司的资产净利润率出现了拐点，重新回到上升趋势。特别是在 2011 年，公司的资产净利润率出现了大幅攀升，到 2013 年走势才有所放缓。

5. 股价走势分析

从图 4–16 大商股份（600694）的日 K 线图中可以看出，该公司的个股走势在 2010 年之前基本上保持了持续上涨的走势，并且在当期股价创出了新高。公司股票出现上涨行情，与其良好的财务状况是不可分的。在这一时期，

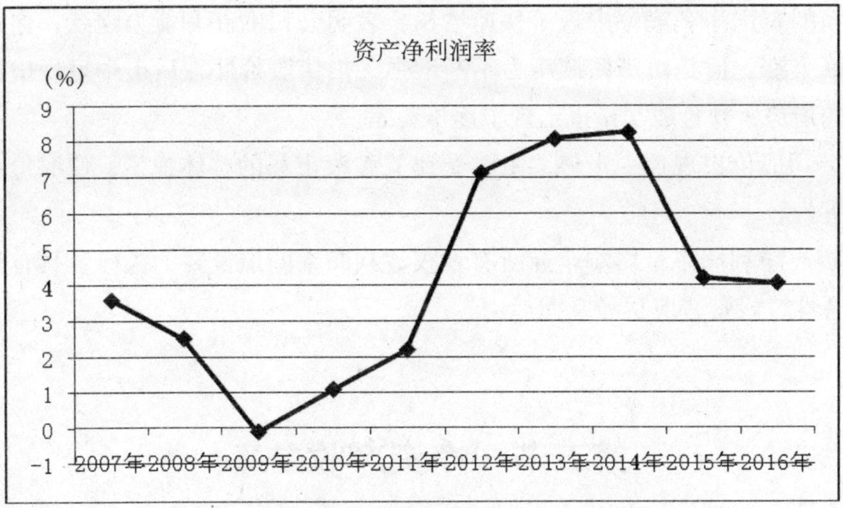

图 4–15　大商股份（600694）资产净利润率折线图

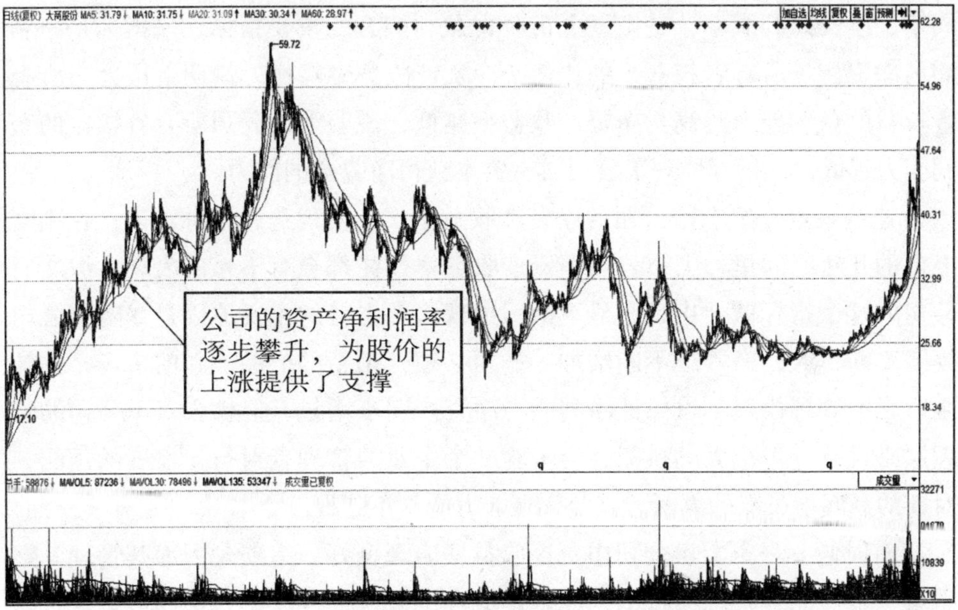

图 4–16　大商股份（600694）日 K 线图

该公司的资产净利润率出现了快速增长，表明公司的获利能力强劲，促使股价不断上涨。但是由于回调压力不断增强，很快股价便在后市中呈现出持续下跌的走势，并且成交量也出现了逐步萎缩。

公司股价出现这一走势，主要受到了 A 股市场的整体拖累，使股价走势不断下行。

资产净利润率是影响企业所有者权益利润率的最重要的指标，具有很强的综合性，投资者应尽量掌握运用。

第五节　净资产收益率

净资产收益率又称股东权益报酬率、净值报酬率、权益报酬率、权益利润率、净资产利润率，是衡量上市公司盈利能力的重要指标。该指标是净利润与净资产（所有者权益）的比值。净资产收益率越高，说明上市公司所有者权益的获利能力越高。净资产收益率越低，说明上市公司所有者权益的获利能力越低。该指标体现了公司自有资本获得净收益的能力。

连续观察一家上市公司的净资产收益率，会发现这样一种走势：在刚刚上市的几年时间里，上市公司净资产收益率往往都会有不错的表现，但之后公司的这个指标就会出现明显下滑。出现这一走势的主要原因是，随着公司规模不断扩大，净资产不断增加，公司必须开拓新的产品、新的市场，并辅之以新的管理模式，以保证净利润与净资产同步增长。但扩张对于公司的管理层来说是一个很大的挑战，会考验一个企业的管理者对行业发展的预测，对新的利润增长点的判断，以及管理能力能否不断提升。

有时候，一家上市公司净资产收益率表现良好，主要是因为其管理者熟悉某一种产品、某一项技术，或者是适合于某一种规模的人员和资金管理。当公司的发展对经营者提出更高要求的时候，可能就力不从心了。

若一家上市公司随着规模的扩大，仍能长期保持较好的净资产收益率，说明这家公司的管理者具备了优秀的管理能力。对于这样的上市公司，投资者可以给予更高的估值。

一、指标解析

净资产收益率的计算公式如下。

净资产收益率＝净利润 ÷ 净资产（所有者权益）×100%

净利润是指在利润总额中按规定交纳了所得税后公司的利润留成，一般也称为税后利润。净利润是一个企业经营的最终成果，也是衡量一个企业经营效益的主要指标，该数据可以从公司发布的利润分配表中取得。

净资产（所有者权益）是指企业资产扣除负债后由所有者享有的剩余权益，主要包括实收资本（或股本）、资本公积、盈余公积和未分配利润，该数据可以从公司发布的利润分配表中取得。

下面举例来简单说明净资产收益率这一指标，以便投资者加深对该指标的理解。

根据某上市公司的财务资料，该公司2014年的税后净利润为2050万元，净资产（所有者权益）为5500万元，则该公司2014年度的净资产收益率计算如下。

净资产收益率＝2050÷5500×100%＝37.27%

净资产收益率可以衡量公司对股东投入资本的利用效率，弥补了每股税后利润指标的不足。

二、股市实战法则

净资产收益率可以反映一家上市公司管理层的资产管理能力及盈利能力。随着资本规模的不断扩大，若上市公司仍能长期保持较好的净资产收益率，说明这家公司的日常经营情况较好，管理者具备了优秀的管理能力，能为公司的股东创造更多的收益。同时，如果公司债权人的债权保障程度很高，良好的基本面状况会成为公司股票持续上涨的动力，对于这样的上市公司，投资者可以给予更多的关注，择机买入股票。

净资产收益率是衡量上市公司盈利能力的重要指标，体现了企业所有者权益的获利能力。同时，该指标的通用性较强，适用比较广泛，不受公司所属行业的限制。在实际运用中，投资者可以利用该指标对不同行业的上市公司进行比较，以判断公司的盈利能力及成长性。该指标值越高，走势越稳定，表明公司的盈利能力和成长性越强，公司股票在市场中也容易受到追捧，进而出现持续大幅的上涨行情。

净资产收益率与其他财务指标相比，对上市公司股价的影响比较直接。公司股价的涨跌，在某种程度上取决于上市公司给投资者的回报情况。股票市场的资金总是追逐回报率较高的投资标的，投资者也总是对回报率较高的公司感兴趣。净资产收益率就是评估公司对投资者回报程度的指标，高净资产收益率的公司股票更容易成为市场的热点，吸引更多的投资者，而低净资产收益率的公司股票则不被市场关注，很难出现上涨走势。

三、实战案例分析

下面以古井贡酒（000596）为例，利用该公司的净资产收益率指标，分析该股的投资价值与投资风险。

1. 财务数据分析

表 4–5 财务数据统计表

期间	净利润	净资产	净资产收益率 (%)
2007 年	0.34 亿元	8.49 亿元	4.01
2008 年	0.33 亿元	9.36 亿元	3.93
2009 年	1.40 亿元	8.09 亿元	17.34
2010 年	3.14 亿元	10.5 亿元	29.9
2011 年	5.66 亿元	27.6 亿元	20.51
2012 年	7.26 亿元	33.8 亿元	21.5

（续表）

2013 年	6.22 亿元	37.4 亿元	16.62
2014 年	5.97 亿元	41.8 亿元	14.28
2015 年	7.16 亿元	48.3 亿元	14.82
2016 年	8.3 亿元	59.4 亿元	13.97

根据古井贡酒（000596）2007 年到 2016 年公开的年度财务报告，可以分别取得该上市公司各年度的净利润与净资产（所有者权益）数值，通过计算可以获得该公司各年度的净资产收益率数值。从这些数据中可以看出，该公司的净利润与净资产总体保持逐步增加的走势，净资产收益率则出现了下滑走势。

2. 净利润分析

根据表 4-5 列示的古井贡酒（000596）2007 年到 2016 年各年度净利润数值，可以绘制出图 4-17 所示的折线图。从折线图中可以看出，该公司的净

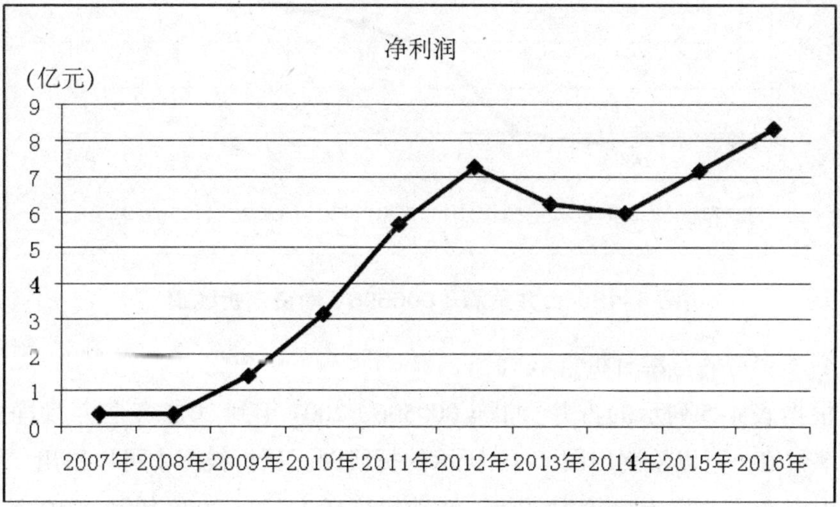

图 4-17　古井贡酒（000596）净利润折线图

利润在2008年基本与前期数据持平。从2008年到2012年，公司的净利润呈现出高速增长的态势。到2012年，公司的净利润出现拐点，连续两年出现下滑。不过到2014年，其走势出现拐点，呈现出上升态势。

3. 净资产分析

根据表4-5列示的古井贡酒（000596）2007年到2016年各年度净资产数值，可以绘制出图4-18所示的折线图。从折线图中可以看出，该公司的净资产（所有者权益）在2010年之前基本上没有出现大幅的变动。但在2010年，公司的净资产呈现出大幅增加，出现这一走势的原因是当期公司进行了非公开发行股份，进而大幅增加了公司的净资产总额。自2011年之后，公司的净资产一直保持增长态势。

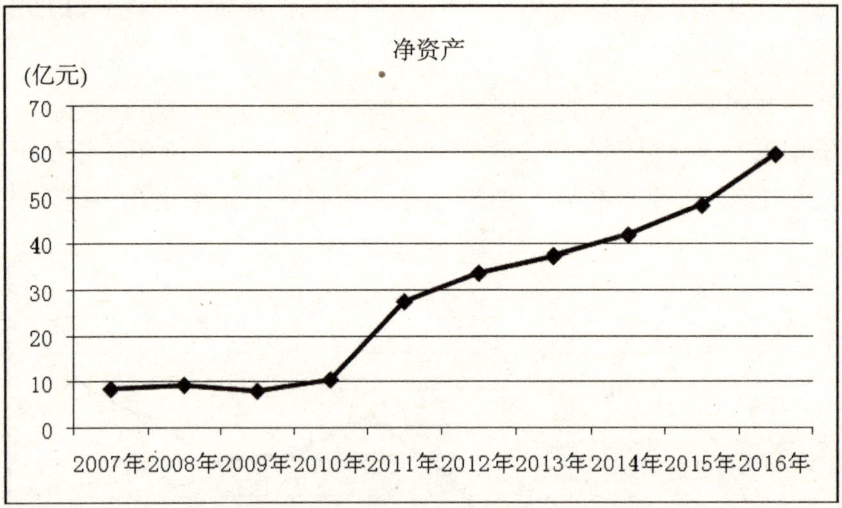

图4-18 古井贡酒（000596）净资产折线图

4. 净资产收益率分析

根据表4-5列示的古井贡酒（000596）2007年到2016年各年度净资产收益率数值，可以绘制出图4-19所示的折线图。从折线图中可以看出，该公司的净资产收益率走势较为复杂，波动幅度较大。自2008年到2010年，公司的净资产收益率出现了快速增长，主要原因是其净利润在这几年出现了持

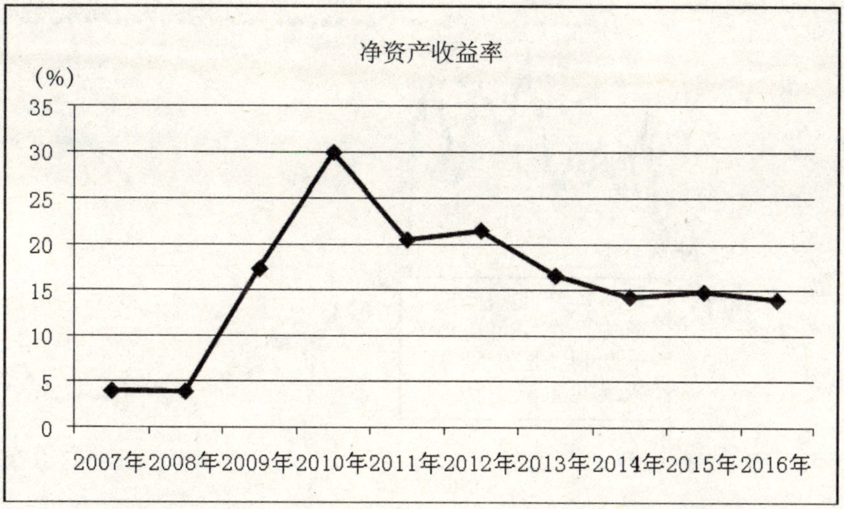

图 4-19　古井贡酒（000596）净资产收益率折线图

续增加，净资产（所有者权益）却没有出现什么变动。2010 年，净资产收益率出现了峰值，后期呈现出逐步下滑的趋势，其原因是在当期公司进行了非公开发行股份，扩大了公司的净资产总额。

5. 股价走势分析

从图 4-20 古井贡酒（000596）的日 K 线图中可以看出，该公司的股票价格在 2011 年之前基本上保持了持续上涨的走势，并且在当期创出了新高。之后由于回调压力增加，其成交量出现了逐步萎缩，使股价在后市呈现出持续的下跌行情。

公司股价在前期出现上涨行情，原因是多方面的，除了市场的追捧之外，公司良好的财务状况是其保持上涨走势的真正动力。该公司的净资产收益率在这一时期出现了快速增长，表明公司获利能力强劲，提振了市场投资者的信心，促使股价出现持续性的上涨走势。

净资产收益率是衡量公司盈利能力的重要指标，但其也有内在的缺陷，投资者在选择投资产品时，应结合其他指标进行综合考虑。

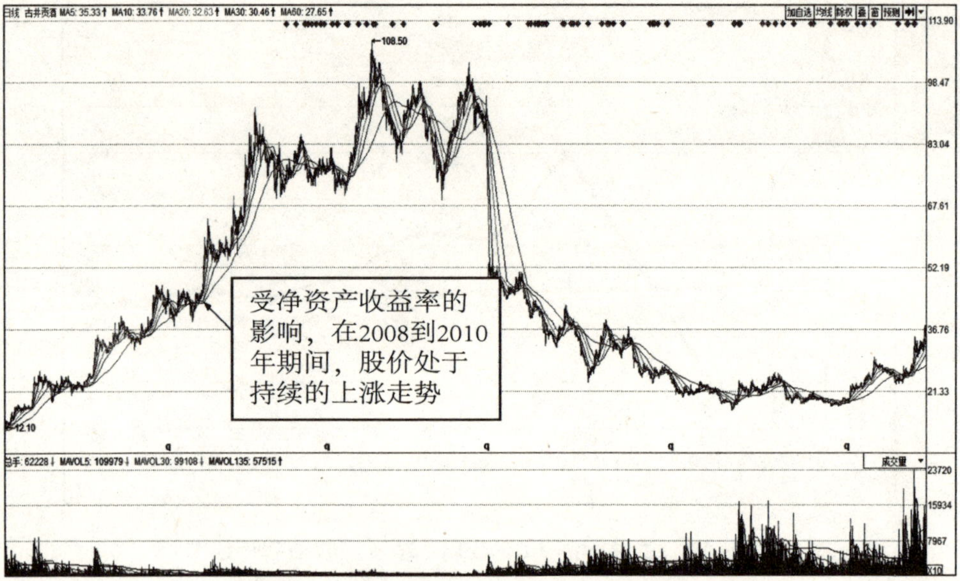

图 4-20　古井贡酒（000596）日 K 线图

第六节　市盈率

市盈率是指在一定考察期（通常为 12 个月）内，上市公司的股票价格与每股收益的比率。投资者通常利用该指标值估量某股票的投资价值，或者用该指标在不同公司的股票之间进行比较。

人们广泛谈及的市盈率通常指的是静态市盈率，一般用来作为比较不同价格的股票是否被高估或者低估的指标。用市盈率衡量一家上市公司股票的质地时，并非总是准确的。一般认为，如果一家上市公司股票的市盈率过高，那么该股票的价格便具有泡沫，价值被高估，表明投资者购买该股票带有较大的风险。当一家公司增长迅速，未来业绩增长表现非常好时，市盈率可以适当偏高。投资者利用市盈率比较不同股票的投资价值时，这些股票必须属于同一个行业，因为此时公司的每股收益比较接近，这样相互比较才有效。

需要注意的是，并不是股票的市盈率越低，该股的投资价值就越高。市盈率只是某日的股票价格与该股票每股收益的比率，由于股票的价格时时波动，公司的年终每股净收益也会因为总股数的变化而变化，因此股票的市盈率每时每刻都在变化。投资者在比较市盈率的同时，应更多地考虑股票的成长性，即公司的收益增长率。市盈率只是在一定程度上作为投资的决策因素，不可单以之作为依据。在实际的投资中，投资者要结合股票的成长性全面考虑，只有市盈率低，同时成长性也好的股票，才是最佳的投资标的。

一、指标解析

市盈率是最常用来评估股价当前水平是否合理的指标之一，由每股价格除以年度每股收益得出。计算时，每股价格通常取收盘价，每股收益若按已公布的数值计算，则称为历史市盈率。若是按市场对今年及明年每股收益的预估值计算，则称为未来市盈率或预估市盈率。这里仅就历史市盈率进行简单举例。

市盈率的计算公式如下。

市盈率＝每股价格 ÷ 每股收益

每股价格是指上市公司的每张股票某一特定时间在二级市场的交易价格。

每股收益是指股份有限公司实现的净利润总额减去优先股股利后与已发行在外的普通股股数的比率。

下面举例来说明市盈率这一指标，以便投资者加深对该指标的理解。

某上市公司的普通股在2014年12月31日的收盘价为10.5元。根据其公开的财务资料，该公司2014年的每股收益为0.8元，则该上市公司2014年度的市盈率计算如下。

市盈率＝ 10.5 ÷ 0.8 ＝ 13.125

市盈率对个股以及大盘都是很重要的参考指标。任何股票市盈率大大超出同类股票或是大盘，都需要有充分的理由支持，而这往往离不开该公司未来盈利率将快速增长这一重点。一旦盈利率增长不理想，支撑高市盈率的力量无以为继，股价往往会大幅回落。

二、股市实战法则

投资者利用市盈率进行分析时，应注意公司所属行业的特性，不能单凭市盈率数值的高低来进行判断。一般情况下，成长性行业的企业，其市盈率比较高。比如消费、旅游等行业，其市盈率比国外同类企业要高出很多，这是因为投资者对这些企业的未来预期比较乐观，愿意付出更高的成本购买企业的股票。那些成长性不高或者缺乏成长性的企业，投资者愿意投入的资金就比较少，比如钢铁等传统行业。

高市盈率在一定程度上反映了投资者对公司增长潜力的认同度。当然，这并不是说股票的市盈率越高就越好，我国股市尚处于初级阶段，主力肆意拉抬股价，造成市盈率歧高，市场风险巨大的现象时有发生。投资者应该从公司背景、基本素质等方面多加分析，对市盈率水平进行合理判断。

投资者应以动态的眼光来看待市盈率，因为市盈率指标计算是以公司上一年的盈利水平为依据的，其最大的缺陷在于忽略了对公司未来盈利状况的预测。从单个公司来分析，市盈率指标对业绩较稳定的公用事业、商业类公司参考价值较大，但对业绩不稳定的公司，则易产生判断偏差。

需要注意的是，处于行业拐点、业绩出现转折的上市公司，其市盈率可能过高。随着业绩成倍的增长，市盈率很快会出现滑落，这里面也包括一些微利企业。投资者在用市盈率进行分析时，一定要考虑企业所在行业的具体情况。

三、实战案例分析

下面以海南航空（600221）为例，利用该公司的市盈率指标，分析该股的投资价值与投资风险。

1. 财务数据分析

表 4-6 财务数据统计表

期间	每股价格	每股收益	市盈率
2007 年	12.88 元	0.18 元	71.56
2008 年	3.12 元	-0.4 元	-7.8
2009 年	6.65 元	0.09 元	73.89
2010 年	8.97 元	0.74 元	12.12
2011 年	4.48 元	0.64 元	7
2012 年	4.23 元	0.4 元	10.58
2013 年	2 元	0.17 元	11.76
2014 年	3.42 元	0.21 元	16.29
2015 年	3.84 元	0.25 元	15.36
2016 年	3.21 元	0.21 元	15.28

根据海南航空（600221）2007 年到 2016 年的股票价格走势和年度财务报告，可以分别取得该上市公司各年度最后一个交易日的每股收盘价，通过计算可以获得该公司各年度的每股收益与市盈率数值。从这些数据可以看出，该公司的每股价格一直呈现出下跌走势，而每股收益波动幅度较大。

2. 每股股价分析

根据表 4-6 列示的海南航空（600221）2007 年到 2016 年各年度最后一个交易日的每股价格数值，可以绘制出图 4-21 所示的折线图。从折线图中可以看出，该公司的每股价格总体处在下降趋势中。2007 年股价出现下跌之后，公司每股价格在 2008 年出现了强势反弹。但在 2010 年，每股价格出现了拐点，又重新回到了下跌行情走势之中。之后虽有小幅反弹，但总体仍处于下降趋势中。

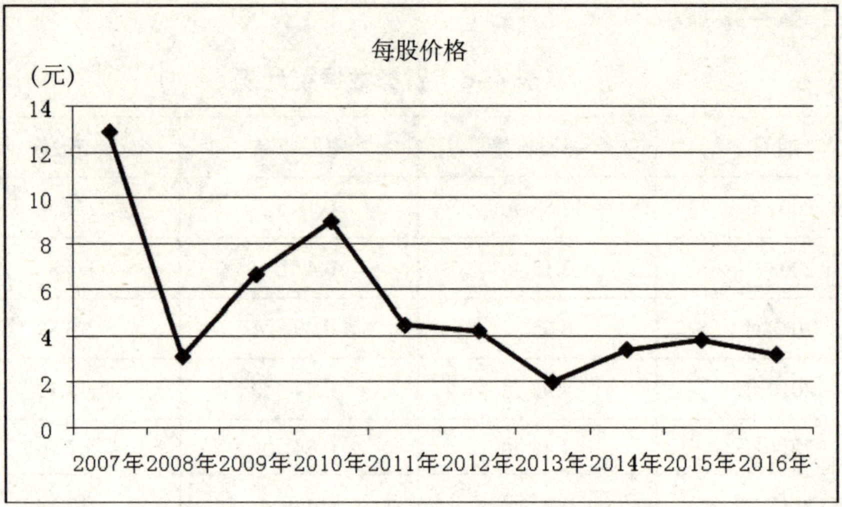

图 4–21　海南航空（600221）每股价格折线图

3. 每股收益分析

根据表 4–6 列示的海南航空（600221）2007 年到 2016 年的每股收益数值，可以绘制出图 4–22 所示的折线图。从折线图中可以看出，该公司每股收益的走势波动幅度较大。2007 年，该公司的每股收益开始出现下滑，并在 2008 年出现负值，不过随后便出现了上涨走势。2010 年，该公司的每股收益出现了拐点，其走势又重新回到了下行趋势。这一走势表明公司的日常经营出现了一定的问题，不能保持较稳定的收益值。

4. 市盈率分析

根据表 4–6 列示的海南航空（600221）2007 年到 2016 年的市盈率数值，可以绘制出图 4–23 所示的折线图。从折线图中可以看出，该公司的市盈率从 2007 年开始总体走势趋于下降。特别是在 2008 年，该公司的市盈率出现负值。出现这一走势的主要原因，除了这一时段公司的股价持续下跌之外，还有当年公司的每股收益也出现了负值的因素。2009 年，该公司的市盈率在前期反弹之后又出现了拐点，并且在之后的一段时间内，该公司的市盈率都处在较低的水平，表明此时该公司的股票投资风险较低。

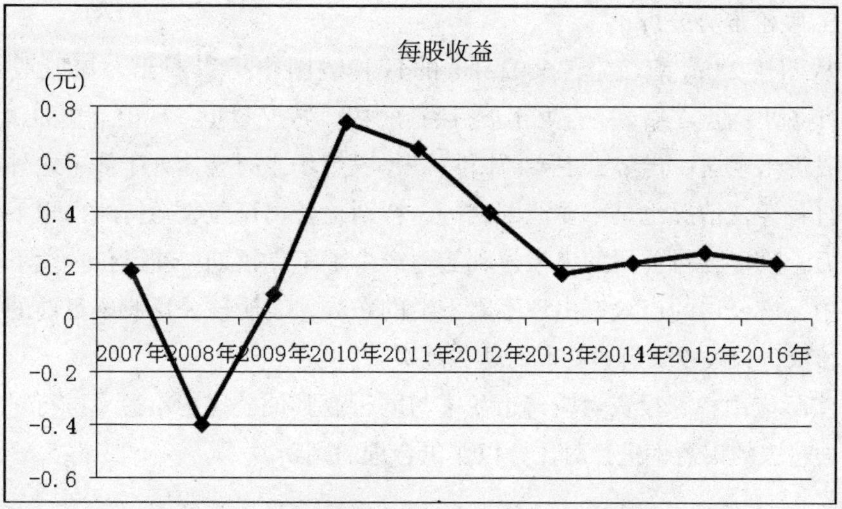

图 4-22　海南航空（600221）每股收益折线图

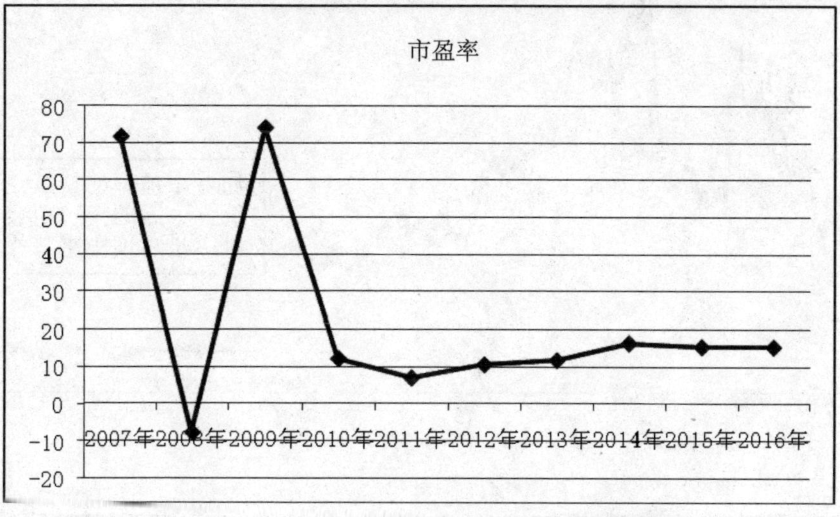

图 4-23　海南航空（600221）市盈率折线图

5. 股价走势分析

从图 4-24 海南航空（600221）的日 K 线图中可以看出，该股股价从2010年创出高点之后，一直处于下行趋势当中，成交量也呈现出地量的状态。该股股价出现这一走势，主要原因除了 A 股市场当时整体处于熊市之外，公司的自身经营情况也是重要原因之一。特别是公司每股收益持续出现下滑走势之后，投资者对公司的未来盈利能力产生了不良预期。在股价持续下行的过程中，该公司的市盈率出现不断下滑的态势，表明该公司股票目前的投资风险较低，长线投资者可在此时适当地买入。

实际应用中，投资者应将市盈率与同行业其他公司的市盈率进行对比，与公司过去的市盈率进行对比，以作出合理的判断。

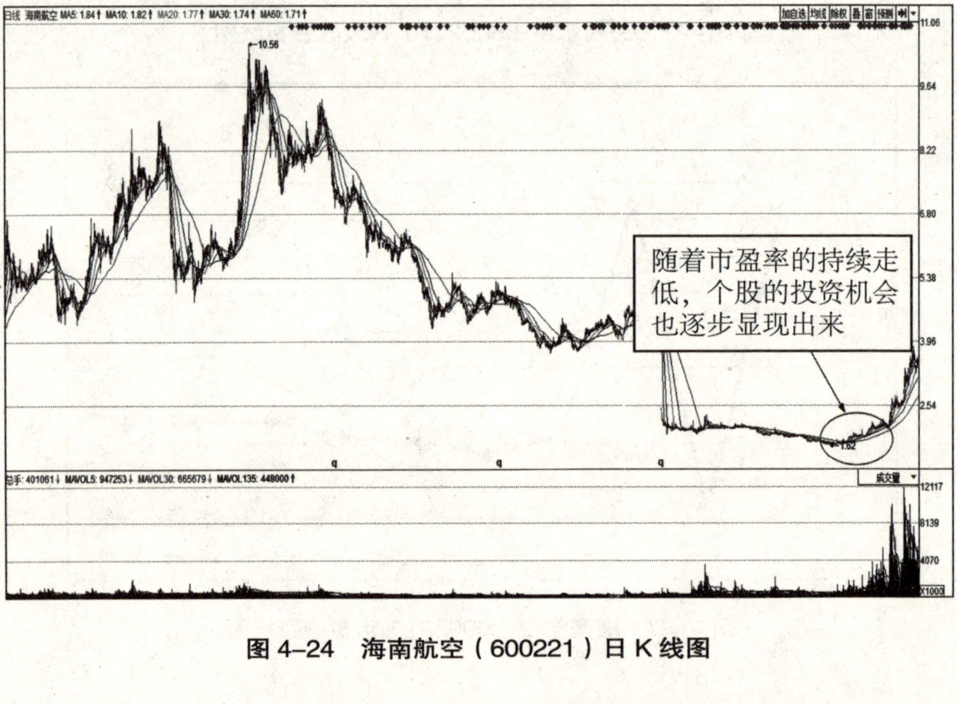

图 4-24 海南航空（600221）日 K 线图

第五章 透视企业的发展能力

投资者在选择投资标的时，其发展能力是必不可少的一项考察内容。特别是对于打算长期持有公司股票的投资者来说，企业的发展能力至关重要。

企业的发展能力，是指企业在追求长久生存与永续发展的过程中，既能实现经营目标，确保市场地位，又能使企业在已经领先的竞争领域和未来的扩展经营环境中保持优势，持续盈利，并在相当长的时间内稳健成长。

影响企业可持续发展能力的因素，按分类标准的不同可归纳为以下两个方面：（1）按照企业生存与发展的环境要素分类；（2）按照企业生存和发展的生产或经济要素分类。

可持续发展能力在一定时期内受企业盈利能力和负债情况的制约。企业内部经营所创造的资金是有限的，企业可持续的发展速度也是有限度的。如果企业过快地扩大生产经营规模，经营活动可能因为缺乏必要的资金而中断，或者迫使企业依靠外部资金来解决发展资金短缺的问题。一旦外部资金筹集困难或成本较高，就会使企业的发展遭受挫折，给企业的进一步发展带来困难。分析企业的可持续发展能力，计算企业可持续的增长速度，就是期望知道什么样的发展速度是企业目前经营成果和财务状况可以支持的发展速度。

分析企业的发展能力，主要考察以下指标：总资产增长率、营业收入增长率、净利润增长率、资本积累率。

第一节　总资产增长率

总资产增长率又称总资产扩张率，是企业本年总资产增长额与年初资产总额的比率，其反映了企业本期资产规模的增长情况。资产是企业用于取得收入的资源，同时也是企业偿还债务的保障。资产的增长是企业发展的一个重要方面，发展良好的企业一般都能保持资产的稳定增长。

通常认为，总资产增长率越高，表明企业一定时期内资产经营规模扩张的速度越快。但是投资者在分析时，需要关注资产规模扩张质和量的关系，以及企业的后续发展能力，以判断企业是否是盲目扩张，进而规避那些扩张风险较高的投资标的。

总资产增长率并不是越高越好，因为总资产只是企业的一个规模，可以通过分析总资产增长率，来评估其是否给公司带来预期的收益，即总资产的快速增长是否转化为公司销售收入的快速增长。如果公司的总资产快速增长时，其销售收入并没有显著提高，表明公司总资产的增长是由类似递延资产、跌价准备等因素造成的，公司并没有实质的发展。

一般情况下，导致总资产出现增长的因素可能有很多方面，比如公司借贷融资、发行股票、股东追加投资，或者利润额出现大幅增长等。当公司的总资产增长率出现快速增长时，并不能说明公司的经营能力和盈利能力增强。投资者需要结合公司近几年单位资产创造的净利润数据，对公司的营利状况作出合理有效的判断，规避短期炒作的个股。

一、指标解析

总资产增长率是上市公司本年总资产增长额与年初资产总额的比率，其反映了公司本期资产规模的增长情况。通常认为，总资产增长率指标值越高，表明公司在一定时期内的资产经营规模扩张的速度越快。

总资产增长率的计算公式如下。

总资产增长率＝当期总资产增长额 ÷ 期初资产总额 ×100%

当期总资产增长额，是指上市公司年末资产总额与年初资产总额的差，该数据主要表明公司当期总资产的增加或减少规模。

期初资产总额，是指分析期期初的资产总额，该数据一般可以从公司的资产负债表中取得。

下面举例来简单说明总资产增长率这一指标，以便投资者加深对该指标的理解。

根据某上市公司公开的财务资料，该公司2014年的总资产期初总额为2.5亿元，期末总额为3.5亿元，则该上市公司2014年度的总资产增长率计算如下。

当期总资产增长额＝ 3.5–2.5 ＝ 1 亿元

总资产增长率＝ 1 ÷ 2.5 × 100% ＝ 40%

资产是公司用于取得收入的重要资源，同时也是其偿还债务的保障，因此，总资产增长率是衡量公司发展的一个重要指标。发展性和成长性较好的公司，一般都能保持资产稳定增长，其股价一般也会呈现出良好的表现。

二、股市实战法则

从投资者的角度来看，通常希望公司的总资产增长率越高越好，因为公司资产规模扩大通常是公司成长性较好的表现。但是投资者在具体分析时，要评价公司的资产规模增长是否适当，要与其营业收入增长、利润增长等情况结合起来分析。只有在公司的营业收入增长、利润增长超过资产规模增长的情况下，这种资产规模的增长才属于效益型增长，才能推动股价的上涨。相反，如果公司的营业收入增长、利润增长远远低于其资产规模的增长，并且持续存在这种情况，则其股价很难有良好的表现。

上市公司的资产构成一般为负债和所有者权益，公司资产规模发生变动，会受负债和所有者权益这两个因素的影响。在其他条件不变的情况下，无论是增加负债规模还是增加所有者权益规模，都会提高公司的总资产增长率。如果公司的资产增长完全依赖于其负债的增长，而所有者权益在年度里没有发生变动或者变动不大，则说明该公司不具备良好的发展潜力。公司资产的增加应该主要取决于其盈利的增加，而不是负债的增加。因为公司只有通过增加股东权益，才有能力继续对外举债，进一步扩大资产规模，顺利地实现增长，同时也保障公司债务的偿还。

如果公司股东权益增加额所占资产增加额比重较大，则说明其资产的增加主要来源于股东权益的增加，公司资产的增长状况良好，否则则相反。投资者应利用趋势分析法比较公司较长时期的总资产增长率，以便正确评价其资产规模的增长能力。

三、实战案例分析

下面以伊利股份（600887）为例，利用该公司的总资产增长率指标，分析该股的投资价值与投资风险。

1. 财务数据分析

表 5–1　财务数据统计表

期间	当期总资产增长额	期初资产总额	总资产增长率（%）
2007 年	28 亿元	74 亿元	37.84
2008 年	16 亿元	102 亿元	15.69
2009 年	14 亿元	118 亿元	11.86
2010 年	22 亿元	132 亿元	16.67
2011 年	45 亿元	154 亿元	29.22
2012 年	6 亿元	199 亿元	3.04
2013 年	124 亿元	205 亿元	60.49
2014 年	66 亿元	329 亿元	20.06
2015 年	1 亿元	395 亿元	0.25
2016 年	–3 亿元	396 亿元	–0.75

根据伊利股份（600887）2007 年到 2016 年的年度财务报告，可以取得该上市公司各年度的资产总额数值，通过计算可以获得该公司各年度的当期总资产增长额和总资产增长率。从这些数据中可以看出，该公司的资产总额呈现逐步增加的走势，而其总资产增长率则变动较大。

2. 当期总资产增长额分析

根据表 5–1 列示的伊利股份（600887）2007 年到 2016 年各年度的当期总资产增长额数值，可以绘制出图 5–1 所示的折线图。从折线图中可以看出，该公司的当期总资产增长额走势总体趋于上升，但其波动幅度较大。在 2011 年，其当期总资产增长额出现了快速下滑，但在 2012 年走势便出现了拐点，开始大幅反弹。经过一年的反弹之后，其走势又重新回到了下滑趋势。

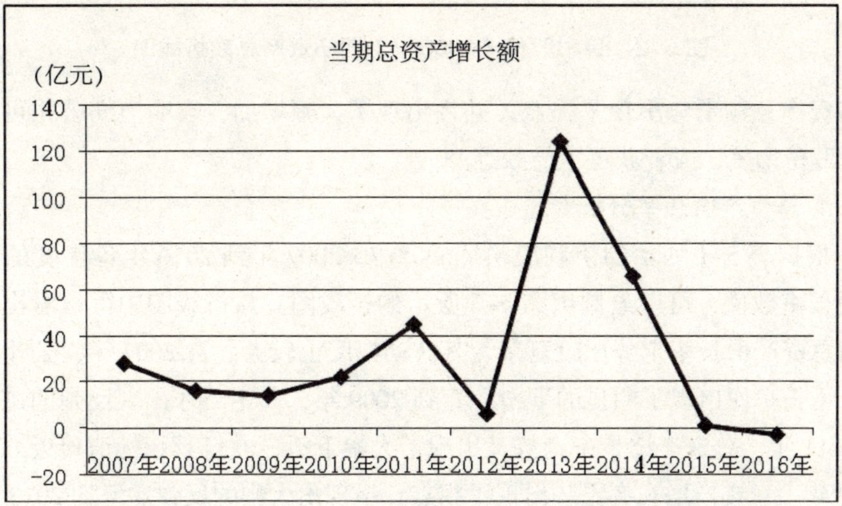

图 5–1　伊利股份（600887）当期总资产增长额折线图

3. 期初资产总额分析

根据表 5–1 列示的伊利股份（600887）2007 年到 2016 年各年度的期初资产总额数值，可以绘制出图 5–2 所示的折线图。从折线图中可以看出，该公司的期初资产总额走势总体呈现出稳步增加的态势。自 2007 年，公司的期初资产总额便出现了小幅增加，直到 2012 年，增加幅度才出现放缓。2013 年，

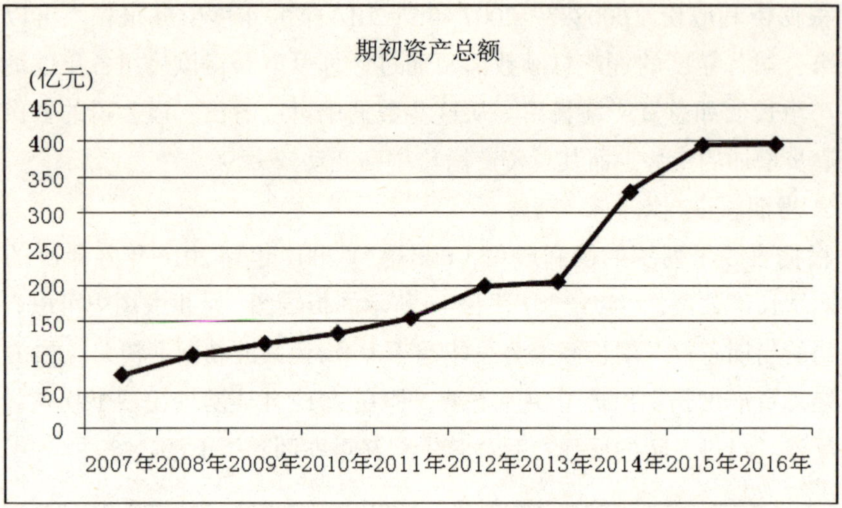

图 5-2 伊利股份（600887）期初资产总额折线图

期初资产总额走势出现了拐点，并且出现了大幅增加，表明当期公司可能进行了股份增发，或者获得了借款等。

4. 总资产增长率分析

根据表 5-1 列示的伊利股份（600887）2007 年到 2016 年各年度的总资产增长率数值，可以绘制出图 5-3 所示的折线图。从折线图中可以看出，该公司总资产增长率走势比较复杂，其波动幅度也较大。自 2007 年，公司的总资产增长率便出现了明显的下滑，直到 2009 年，其走势才出现反弹的迹象。到 2011 年，总资产增长率走势又出现了大幅下滑，并且其指标值接近 0 值。2012 年，总资产增长率走势出现了拐点，呈现出大幅的反弹。但到 2013 年，其走势又重新回到了下跌趋势。

5. 股价走势分析

从图 5-4 伊利股份（600887）的日 K 线图中可以看出，该股从 2008 年开始，其股价一直呈现出震荡上行的走势，同时成交量出现了逐步萎缩的态势。2010 年，该股股价开始进入横盘整理的走势之中，并且震荡幅度较大。公司股价 2012 年表现出快速大幅的上涨，同时创出了阶段性高点。

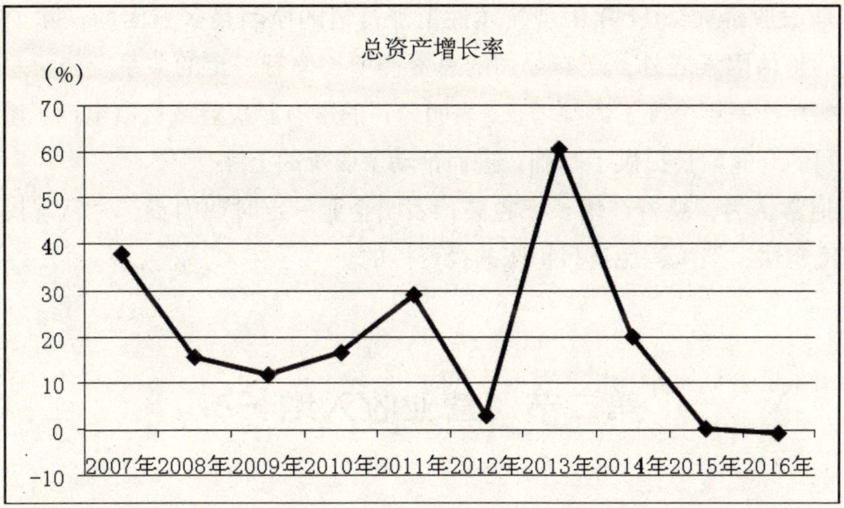

图 5-3 伊利股份（600887）总资产增长率折线图

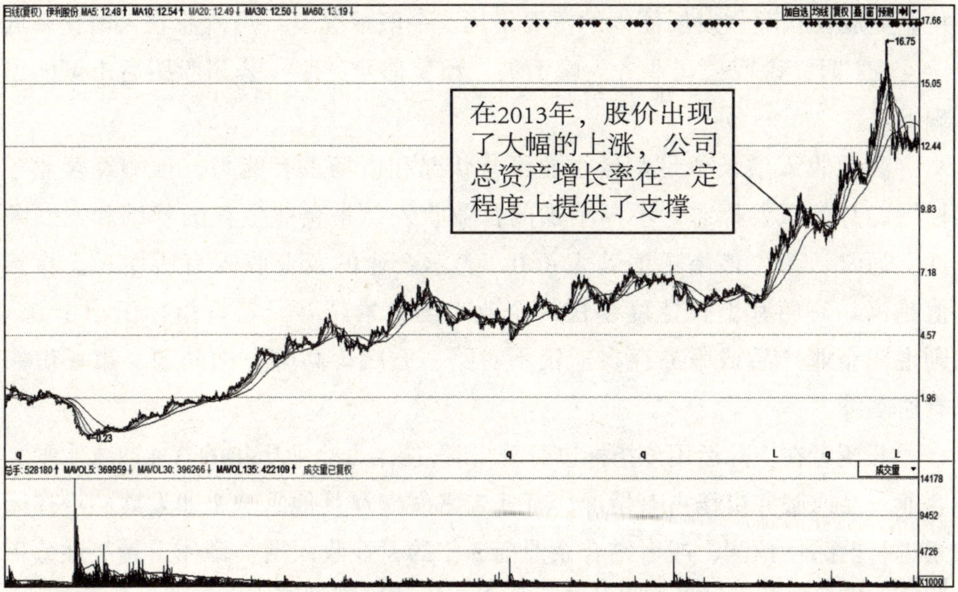

图 5-4 伊利股份（600887）日 K 线图

该股股价在2012年出现持续性上涨行情的原因是多方面的，除了A股市场的整体因素之外，还与公司的总资产增长率有一定的关系。公司总资产增长率在这一年出现了大幅增长，表明公司的所有者权益或负债出现了增加，为公司的利润增长提供了基础，进而推动了股价的上涨。

通常认为，总资产增长率越高，表明企业一定时期内资产经营规模扩张的速度越快，但应避免盲目扩张的投资标的。

第二节 营业收入增长率

营业收入增长率是指企业本年营业收入增长额与年初营业收入总额的比率。营业收入增长率表示与上年相比，企业营业收入的增减变动情况，是评价企业成长状况和发展能力的重要指标。一般情况下，当营业收入增长率低于-30%时，说明公司业务大幅滑坡，预警信号产生，公司股票后市可能出现下跌。

营业收入增长率是衡量企业经营状况和市场占有能力，预测经营业务拓展趋势的重要标志。不断增加的营业收入，是企业生存的基础和发展条件。通常认为，该指标值若大于0，表示企业的营业收入有所增长，指标值越高，表明其增长速度越快，企业市场前景越好。若该指标值小于0，则说明企业产品或服务存在适销不对路、质次价高等方面问题，市场份额有所萎缩。

投资者在实际运用该指标进行分析时，应结合企业历年的营业收入水平、企业产品或服务市场占有情况、行业未来发展及其他影响企业发展的潜在因素进行前瞻性预测，或者结合企业前3年的营业收入增长率作出趋势性分析判断，以保障分析结果客观公正，作出正确的投资决策。

营业收入增长率也可与企业的应收账款增长率进行比较分析，其结果可以表示公司销售额的增长幅度，进而判断企业业务的发展状况。另外，当营业收入增长率小于应收账款增长率，甚至营业收入增长率为负数时，公司极有可能存在操纵利润的行为，投资者需严加防范，以规避公司的财务风险。

一、指标解析

营业收入增长率的计算公式如下。

营业收入增长率＝当期营业收入增长额 ÷ 期初营业收入 ×100%

当期营业收入增长额，是指上市公司年末营业收入与年初营业收入的差，该数据主要表明公司当期营业收入增加或减少的规模。

期初营业收入，是指分析期期初的营业收入，该数据一般可以从公司的利润表中取得。

下面举例来简单说明营业收入增长率这一指标，以便投资者加深对该指标的理解。

根据某上市公司公开的财务资料，该公司 2014 年的营业收入期初总额为 1.5 亿元，期末营业收入为 2 亿元，则该上市公司 2014 年度的营业收入增长率计算如下。

当期营业收入增长额＝ 2-1.5 ＝ 0.5 亿元

营业收入增长率＝ 0.5 ÷ 1.5 × 100% ＝ 33.33%

一般来说，如果营业收入增长率超过 10%，说明公司产品处于成长期，属于成长型公司。如果营业收入增长率在 5% 到 10% 之间，说明公司产品已进入稳定期，需要着手开发新产品。如果该比率低于 5%，说明公司产品已进入衰退期，业务利润开始滑坡。

二、股市实战法则

公司的营业收入只是一种手段，其真正的目的是为了盈利。将公司的营业收入增长率与税前利润增长率进行比较，若是营业收入增长率增长得很快，而利润增长率并没有什么表现的话，表明这其中肯定出了问题。税前利润比营业收入增长速度更快的公司才是投资者可以选择的投资标的，因为只有这样，才能表示公司一直处于盈利状态，其股价才会出现上涨。

投资者在分析公司的营业收入增长率时，同时也应关注其市场占有率是否提高。对于一个非常巨大的市场来说，市场占有率提高一个百分点，意义就十分巨大。若公司营业收入增幅相当大，但市场占有率却下降了，这说明公司营业收入增长率低于整个行业的增长水平。当然，若是行业销售大幅下滑，公司销售额照样大幅增长，就说明其市场占有率肯定会大幅提升。投资者进行投资的关键是分析一家公司的竞争优势，特别是竞争优势的可持续性。分析市场占有率的增长情况，是分析公司持续竞争优势的一个重要指标。

一般情况下，公司营业收入 3 年平均增长率表明了其营业收入增长的长期趋势和稳定程度，较好地体现了公司的发展状况和发展能力。公司营业收入 3 年平均增长率越高，表明其营业持续增长势头越好，市场扩张能力越强。公司营业收入 3 年平均增长率越低，表明其营业持续增长势头越差，市场扩张能力越弱。投资者在实际运用时也可以对更长期的数据进行计算分析，以作出对公司营业持续增长能力与市场扩张能力的准确判断。

三、实战案例分析

下面以华菱钢铁（000932）为例，利用该公司的营业收入增长率指标，分析该股的投资价值与投资风险。

1. 财务数据分析

表 5–2 财务数据统计表

期间	当期营业收入增长额	期初营业收入	营业收入增长率（%）
2007 年	97 亿元	341 亿元	28.45
2008 年	125 亿元	438 亿元	28.54
2009 年	–148 亿元	563 亿元	–26.29
2010 年	191 亿元	415 亿元	46.02
2011 年	132 亿元	606 亿元	21.78

（续表）

2012 年	–145 亿元	738 亿元	–19.65
2013 年	4 亿元	593 亿元	0.67
2014 年	–41 亿元	597 亿元	–6.87
2015 年	–142 亿元	556 亿元	–25.53
2016 年	84 亿元	414 亿元	20.29

根据华菱钢铁（000932）2007 年到 2016 年的年度财务报告，可以取得该上市公司各年度的营业收入数值，通过计算可以获得该公司各年度的当期营业收入增长额和营业收入增长率。从这些数据中可以看出，该公司的营业收入虽然呈现出逐步增长的态势，但其波动幅度较大，同时当期营业收入增长额不具有稳定性。

2. 当期营业收入增长额分析

根据表 5–2 列示的华菱钢铁（000932）2007 年到 2016 年各年度的当期营业收入增长额数值，可以绘制出图 5–5 所示的折线图。从折线图中可以看出，该公司当期营业收入增长额走势总体趋于下滑，但其波动幅度较大。2008 年，其走势呈现出大幅下滑，并且出现了负值。但在 2009 年走势便出现了拐点，开始大幅反弹。之后在 2012 年，其指标值又出现负值，重回下滑趋势。之后几年也延续了这种下滑、反弹的走势。

3. 期初营业收入分析

根据表 5–2 列示的华菱钢铁（000932）2007 年到 2016 年各年度的期初营业收入数值，可以绘制出图 5–6 所示的折线图。从折线图中可以看出，该公司期初营业收入走势总体趋于上升，但其波动幅度较大。2009 年之前，其走势呈现出稳步上升的趋势，但在当期期初营业收入数值出现下滑。2010 年其走势出现了拐点，开始大幅反弹。经过两年的反弹走势之后，期初营业收入又呈现下滑状态，其走势重新回到下滑趋势之中。

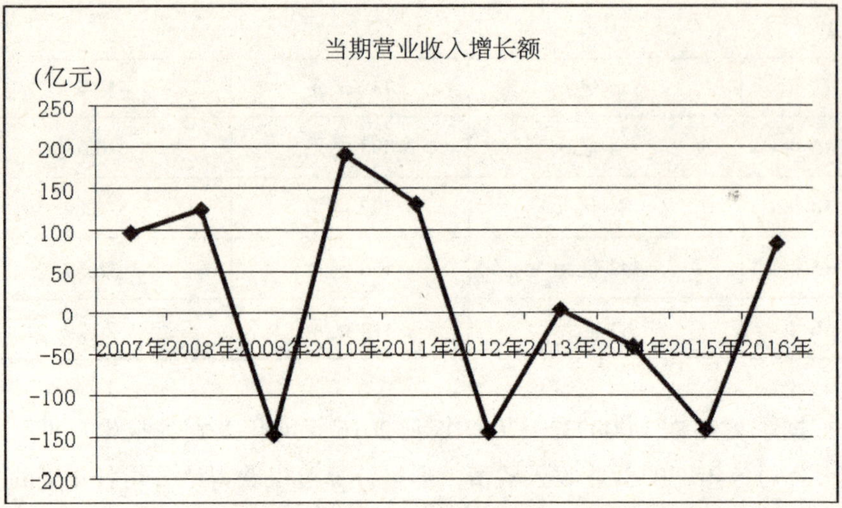

图 5-5 华菱钢铁（000932）当期营业收入增长额折线图

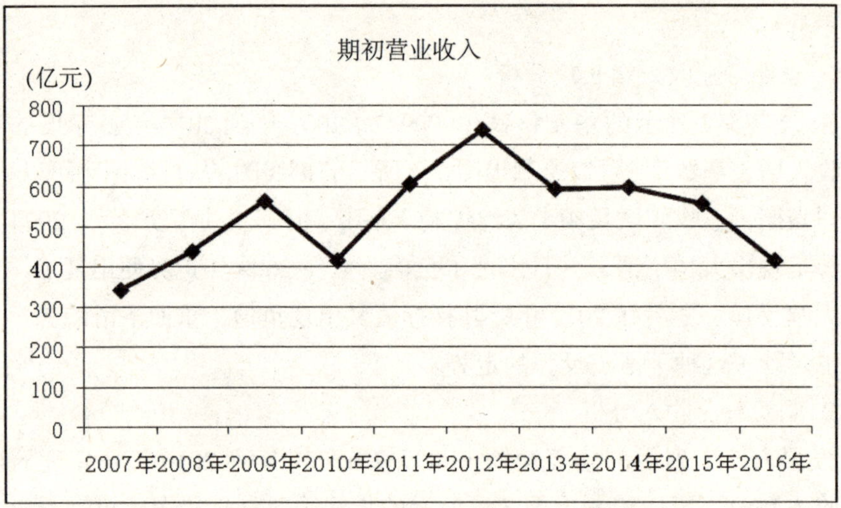

图 5-6 华菱钢铁（000932）期初营业收入折线图

4. 营业收入增长率分析

根据表 5-2 列示的华菱钢铁（000932）2007 年到 2016 年各年度的营业收入增长率数值，可以绘制出图 5-7 所示的折线图。从折线图中可以看出，

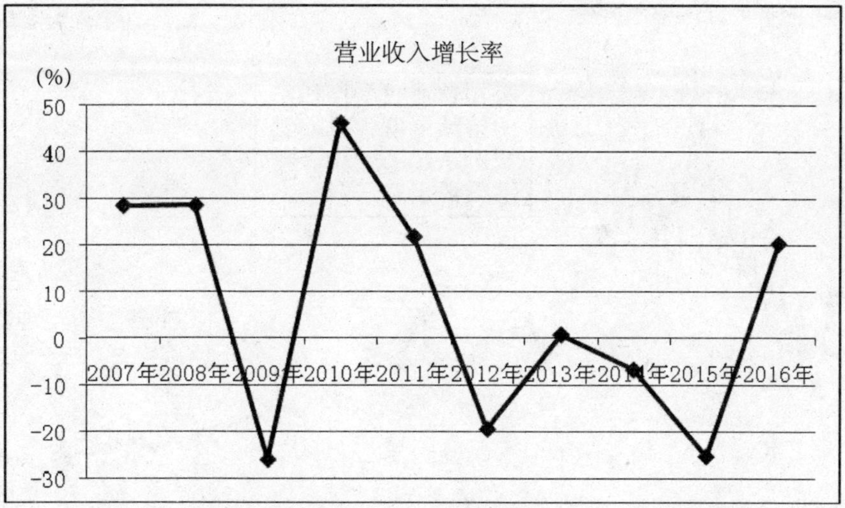

图 5-7　华菱钢铁（000932）营业收入增长率折线图

该公司营业收入增长率的走势比较复杂，波动幅度较大，总体趋于下滑态势。在 2008 年，公司的营业收入增长率出现大幅的下滑，其指标值出现负数。在 2009 年，其走势呈现出大幅的反弹，但到 2010 年，营业收入增长率又出现大幅的下滑，并且在 2012 年再次出现负值。之后在 2014 年和 2015 年都出现了负值，直到 2016 年才有所反弹。这一走势表明，公司的营业收入增长率不具有稳定性，其日常经营活动存在一定的问题。

5. 股价走势分析

从图 5-8 华菱钢铁（000932）的日 K 线图中可以看出，该股从 2008 年开始，其股价一直呈现出震荡上行的走势，并且在 2009 年创出新高，同时成交量也呈现出逐步放大的态势。自 2009 年之后，其股价开始进入震荡下行的走势之中，成交量也出现了一定的萎缩。公司股价在 2009 年出现大幅下跌的原因是多方面的，除了 A 股市场的整体因素之外，公司营业收入增长率的持续走低也是股价逐步下跌的原因之一。营业收入增长率持续走低，表明公司产品或服务存在适销不对路、质次价高等问题，影响其股价的表现。

当营业收入增长率低于 -30% 时，说明公司业务大幅滑坡，预警信号产生，投资者此时应暂时离场。

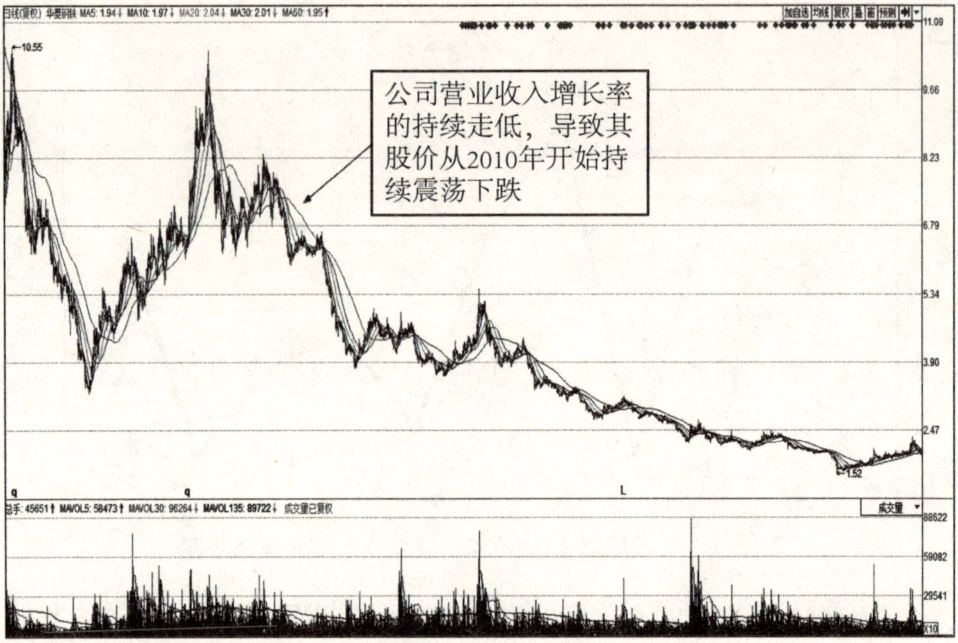

图 5-8 华菱钢铁（000932）日 K 线图

第三节 净利润增长率

净利润增长率是指企业本期净利润额与上期净利润额的比率。该指标表明企业当期净利润比上期净利润的相对增长幅度，指标值越大，代表企业盈利能力越强。该指标反映了企业实现价值最大化的扩张速度，是综合衡量企业资产营运与管理业绩、成长状况和发展能力的重要指标。

净利润是指企业利润总额减去所得税后的余额，是企业当年实现的可供出资人或股东分配的净收益，所以也称为税后利润，该指标是一家企业经营的最终成果。净利润数值越高，表明企业的经营效益越好。净利润数值越低，表明企业的经营效益越差。净利润增长率是评估企业净利润增长幅度与经营效益的指标，从这一点来考量，该指标对于投资者的意义就非常重要了。

从长期走势来看，任何一家公司的股价上涨，都是基于其净利润的不断增加。基本面优秀并且持续优秀的公司，往往会成为投资者竞相投资的对象，其股价也会不断创出新高。买入此类公司的股票并坚定持有的投资者，在股市投资中获取收益的概率会更高。当然，股票市场是多变的，存在许多不确定因素，有时候股价的上涨和净利润的增加并不同步。对投资者来说，不仅仅要关注公司净利润的增加，更要关注公司净利润的增长速度。也就是说，投资者在分析公司基本面时，应该更多地关注净利润增长率，以客观把握公司的盈利能力与经营效益，进而对股价的走势作出合理判断。

一、指标解析

净利润增长率的计算公式如下。

净利润增长率＝当期净利润增长额 ÷ 期初净利润 ×100%

当期净利润增长额是指上市公司年末净利润与年初净利润的差，该数据主要表明公司当期净利润的增加或减少规模。

期初净利润是指分析期期初的净利润，该数据一般可以从公司的利润表中取得。

下面举例来简单说明净利润增长率这一指标，以便投资者加深对该指标的理解。

根据某上市公司公开的财务资料，该公司2014年的净利润期初总额为3.5亿元，期末净利润为5亿元，则该上市公司2014年度的净利润增长率计算如下。

当期净利润增长额＝ 5–3.5 ＝ 1.5 亿元

净利润增长率＝ 1.5 ÷ 3.5 × 100% ＝ 42.86%

净利润增长率是衡量企业净利润增长幅度的指标，其指标值越大，表明企业净利润的增长幅度越大，盈利能力越强。净利润不断增加是推动公司股价持续上涨的内在动力，所以净利润增长率这一指标对于投资者的意义非常重要。

二、股市实战法则

若投资者寻找的是成长性较好的个股，计算净利润增长率的周期应该以年周期为宜。投资者在运用净利润增长率时，按年计算公司的指标值，这样可以很好地排除掉一些周期性行业的季度净利润变化幅度较大的问题。比如房地产、百货商业等行业都是季度性行业，其在销售淡季或者财务回收淡季，季度净利润都极低，净利润增长率环比可能都是负数，投资者用净利润年增长率来进行纵向或者横向比较才有意义。

投资者在运用净利润增长率分析公司的盈利能力时，应注意分析净利润增长率的长期走势，连续稳定的净利润增长率才表明公司具有投资价值。引起净利润增长率变化的原因是多方面的，在正常情况下，该指标的变化应该是连续稳定的。若净利润增长率连续出现下滑走势，则表明公司的经营问题并非是偶然因素造成的。若净利润增长率走势出现大幅急剧的上涨或下滑，投资者需要深入了解其内在的原因，以判断这种变化是不是由于偶然因素引起的，进而分析其对公司股价的后期影响。

对于上市公司净利润增长率的计算周期，建议选择年净利润作为基准，但在某些时候，使用净利润季增长率会比较合适。一是公司刚刚上市，可能没有连续 3 年的财报可供参考或使用，此时可以用净利润季增长率来判断公司是否具有高成长性；二是上市公司扭亏为盈的时候，还没有出现连续 3 年的净利润正增长时，可以使用净利润季增长率来判断该公司是否具备高成长的特性。

三、实战案例分析

下面以建投能源（000600）为例，利用该公司的净利润增长率指标，分析该股的投资价值与投资风险。

1. 财务数据分析

表 5–3　财务数据统计表

期间	当期净利润增长额	期初净利润	净利润增长率（%）
2007 年	2.58 亿元	1.45 亿元	177.93

（续表）

2008 年	−3.56 亿元	4.03 亿元	−88.34
2009 年	0.24 亿元	0.47 亿元	51.06
2010 年	−0.61 亿元	0.71 亿元	−85.92
2011 年	0.04 亿元	0.1 亿元	40
2012 年	0.86 亿元	0.14 亿元	614.29
2013 年	7.56 亿元	1 亿元	756
2014 年	11.84 亿元	8.56 亿元	138.32
2015 年	0 亿元	20.4 亿元	0
2016 年	−5.9 亿元	20.4 亿元	−28.92

根据建投能源（000600）2007 年到 2016 年的年度财务报告，可以取得该上市公司各年度的净利润数值，通过计算可以获得该公司各年度的当期净利润增长额和净利润增长率。从这些数据中可以看出，该公司的当期净利润增长额走势较为复杂，同时，其期初净利润走势波动幅度较大。

2. 当期净利润增长额分析

根据表 5–3 列示的建投能源（000600）2007 年到 2016 年各年度当期净利润增长额数值，可以绘制出图 5–9 所示的折线图。从折线图中可以看出，该公司的当期净利润增长额走势较为复杂，波动幅度较大。2008 年，其走势出现大幅下滑，并且出现了负值。直到 2012 年走势才出现了大幅增长，但在 2014 年又出现拐点，到 2016 年再次出现负值。

3. 期初净利润分析

根据表 5–3 列示的建投能源（000600）2007 年到 2016 年各年度期初净利润数值，可以绘制出图 5–10 所示的折线图。从折线图中可以看出，该公司的期初净利润走势波动幅度较大，并且出现异动的迹象比较明显。公司的期

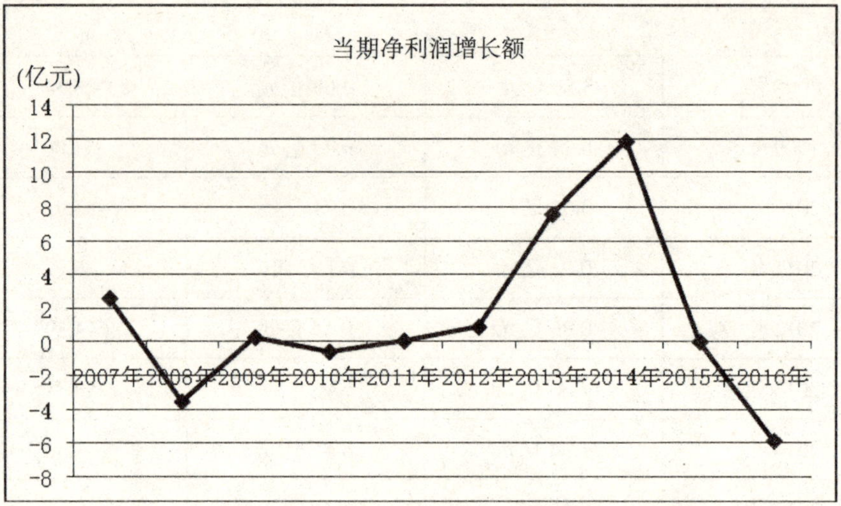

图 5-9　建投能源（000600）当期净利润增长额折线图

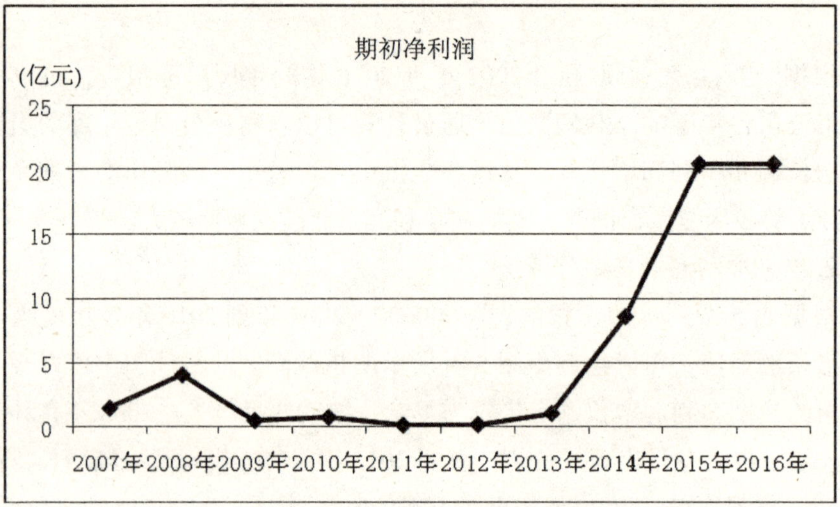

图 5-10　建投能源（000600）期初净利润折线图

初净利润经过一年的增长之后，在 2008 年出现了下滑走势，并且其指标值在之后数年一直保持在 1 亿元以下。直到 2013 年，公司期初净利润走势才出现了拐点，呈现出大幅增加，并且突破了前期高点，直到 2015 年出现停滞状态。

4. 净利润增长率分析

根据表 5-3 列示的建投能源（000600）2007 年到 2016 年各年度的净利润增长率数值，可以绘制出图 5-11 所示的折线图。从折线图中可以看出，该公司的净利润增长率走势比较复杂，波动幅度较大。公司的净利润增长率经过一年的下滑之后，2008 年出现了负值。之后，公司的净利润增长率走势虽然出现过反弹，但大多都在 0 轴线上下波动。直到 2011 年，其走势才出现了大幅增长的态势，并且突破了前期高点。但在 2013 年，该公司净利润增长率走势重新回到了下滑趋势当中。

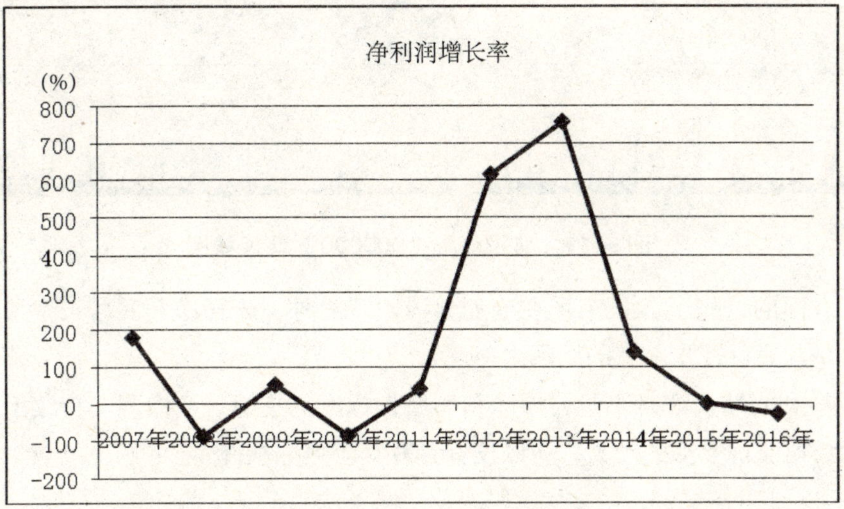

图 5-11　建投能源（000600）净利润增长率折线图

5. 股价走势分析

从图 5-12 建投能源（000600）的日 K 线图中可以看出，从 2008 年开始，该股股价呈现出震荡上行的走势，2009 年创出新高之后，股价逐步进入震荡横盘的态势。自 2010 年之后，其股价开始进入震荡下行走势之中，成交量也出现了萎缩的态势。直到 2013 年，公司股价开始稳步上涨，出现一波大幅上涨行情，成交量也出现了逐步放大。公司股价在 2013 年出现大幅上涨的原因

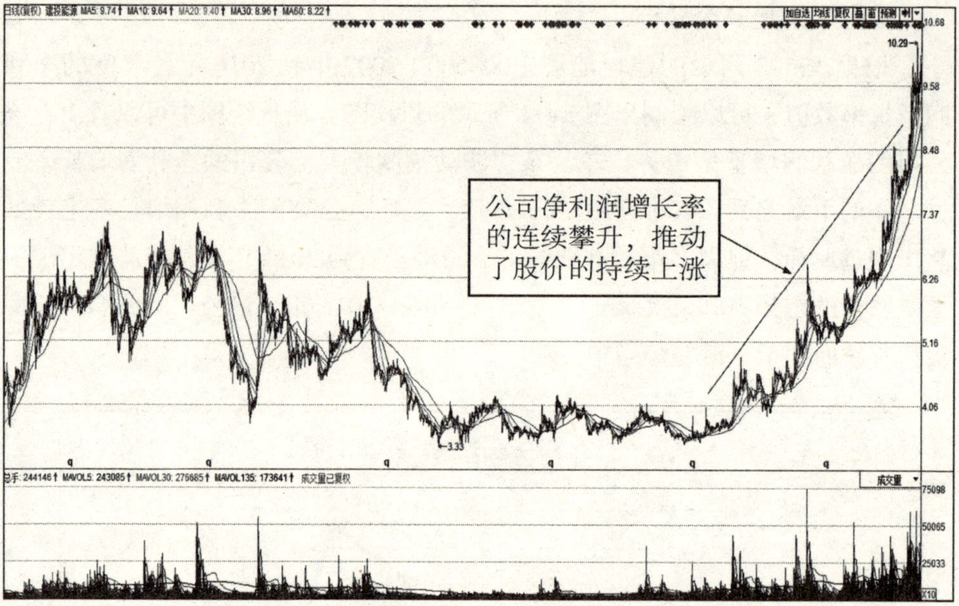

图 5-12 建投能源（000600）日 K 线图

是多方面的，除了 A 股市场在当期整体回暖之外，公司净利润增长率持续走高也是其股价逐步上涨的原因之一。

净利润增长率是衡量公司净利润增长幅度的指标，而净利润持续增长是推动公司股价上涨的动力，所以投资者对其应熟练掌握。

第四节 资本积累率

资本积累率是指企业本年所有者权益增长额与年初所有者权益的比率。该指标代表了企业当年资本的积累能力，反映了企业所有者权益在当年的变动水平，是评价企业发展潜力的重要指标。同时，该指标也是企业发展强盛与否的标志，是企业扩大再生产的源泉。

资本积累率反映了投资者投入企业资本的保全性和增长性。该指标值越高，表明企业的资本积累越多，企业资本保全性越强，应付风险、持续发展的能力越大。该指标值越低，表明企业的资本积累越少，企业资本保全性越弱，应付风险、持续发展的能力越小。如果企业所有者权益的期末期初都为负数，期末负数的绝对值又比期初负数的绝对值大，虽然计算出的指标值为正数，但实际企业在当期是亏损的。该指标如为负值，表明企业资本受到侵蚀，所有者利益受到损害，企业管理层应予以充分重视。

企业的发展能力也称为企业的成长性，它是企业通过自身的生产经营活动，不断扩大积累而形成的发展潜能。企业能否健康发展取决于多种因素，包括外部经营环境、企业内在素质及资源条件等。在众多的制约因素当中，所有者权益的增长情况是非常重要的因素之一。

如果企业的所有者权益能保持不断增长，那么其发展能力就得到了一定的保障，进而推动股价不断上涨。资本积累率是衡量企业当年资本的积累能力，评价企业发展潜力的重要指标。从这一点来看，该指标对投资者的意义是非常重要的。

一、指标解析

资本积累率的计算公式如下。

资本积累率＝当期所有者权益增长额 ÷ 期初所有者权益 ×100%

当期所有者权益增长额，是指企业本年所有者权益与上年所有者权益的差额。本年和上年所有者权益的数值可以从企业的资产负债表中取得。

期初所有者权益是指企业所有者权益的年初数，该数值可以从企业的资产负债表取得。

下面举例来简单说明资本积累率这一指标，以便投资者加深对该指标的理解。

根据某上市公司公开的财务资料，该公司 2014 年的所有者权益期初总额为 2.5 亿元，期末总额为 4 亿元，则该上市公司 2014 年度的资本积累率计算如下。

当期所有者权益增长额＝ 4−2.5 ＝ 1.5 亿元

资本积累率＝ 1.5 ÷ 2.5 × 100% ＝ 60%

资本积累率若出现负值，表明所有者利益受到损害，进而影响公司的发展潜力，最终导致其股价出现下跌走势。当企业的资本积累率出现负值时，其管理层应予以充分的重视。

二、股市实战法则

公司的可持续发展是指其通过学习和创新活动等途径，形成良好的增长机制，使经济效益稳步增长，运行效率不断提高，经营规模不断扩大。只有如此，公司的发展能力以及成长性才能得到提高和维持，其股价才能有良好的表现。资本积累率反映了公司所有者权益在当年的变动水平，是评价企业发展潜力的重要指标。投资者在寻找具有良好成长性的股票时，资本积累率具有非常重要的意义，可以运用该指标来达到投资的目的。

反映公司成长性与发展能力的指标有很多，比如，营业收入增长率、资本保值增值率、总资产增长率、营业利润增长率、技术投入比率等，而资本积累率只是这许多指标中的一种。投资者进行具体投资决策时，可以把公司的资本积累率与其他指标结合使用，以正确衡量和评估该公司的成长性与发展能力，进而作出合理的投资判断。

资本积累率反映了公司当年资本的积累程度，也即公司可以进行扩大再生产的能力，是评价公司发展潜力的重要指标。投资者在实际运用时，应注意偶然性因素对指标值的影响。当指标值在某年出现异动时，投资者应进一步分析造成这种变化的原因，再确定其对公司以及股价的影响。

三、实战案例分析

下面以中国人寿（601628）为例，利用该公司的资本积累率指标，分析该股的投资价值与投资风险。

1. 财务数据分析

表 5–4 财务数据统计表

期间	当期所有者权益增长额	期初所有者权益	资本积累率（%）
2007 年	550 亿元	1161 亿元	47.37
2008 年	38 亿元	1711 亿元	2.22
2009 年	379 亿元	1749 亿元	21.67
2010 年	–23 亿元	2128 亿元	–1.08
2011 年	–171 亿元	2105 亿元	–8.12
2012 年	297 亿元	1934 亿元	15.36
2013 年	–5 亿元	2231 亿元	–0.22
2014 年	647 亿元	2226 亿元	29.07
2015 年	389 亿元	2873 亿元	13.54
2016 年	–186 亿元	3262 亿元	–5.7

根据中国人寿（601628）2007 年到 2016 年的年度财务报告，可以取得该上市公司各年度期初所有者权益数值，通过计算可以获得该公司各年度的当期所有者权益增长额与资本积累率。从这些数据中可以看出，该公司当期所有者权益增长额走势波动幅度较大，期初所有者权益总体呈现出逐步增长的态势。

2. 当期所有者权益增长额分析

根据表 5–4 列示的中国人寿（601628）2007 年到 2016 年各年度当期所有者权益增长额数值，可以绘制出图 5–13 所示的折线图。从折线图中可以看出，该公司当期所有者权益增长额走势较为复杂，波动幅度较大。自 2007 年，公司当期所有者权益增长额走势出现大幅下滑，并且在 2010 年、2011 年出现

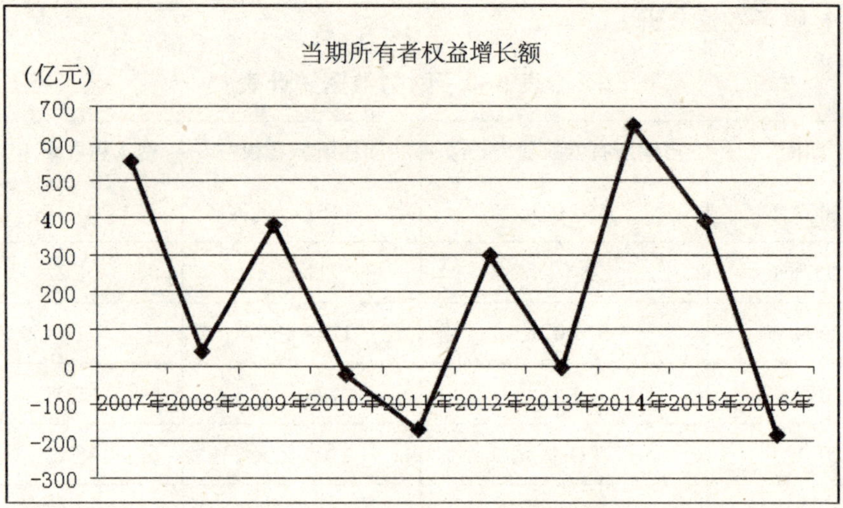

图 5-13 中国人寿（601628）当期所有者权益增长额折线图

了负值。2011 年之后，其走势才出现了拐点，开始呈现上升走势，但在 2014 年又出现下滑，2016 年再次出现负值。

3. 期初所有者权益分析

根据表 5-4 列示的中国人寿（601628）2007 年到 2016 年各年度期初所有者权益数值，可以绘制出图 5-14 所示的折线图。从折线图中可以看出，该公司的期初所有者权益走势虽然出现一定的波动，但其总体趋势属于上升状态。2007 年，公司期初所有者权益走势出现大幅上升，但到 2008 年，其增长走势便出现了明显放缓。2012 年，公司的期初所有者权益出现了明显下滑，但没有改变其总体走势，之后其走势便出现了反弹。

4. 资本积累率分析

根据表 5-4 列示的中国人寿（601628）2007 年到 2016 年各年度资本积累率数值，可以绘制出图 5-15 所示的折线图。从折线图中可以看出，该公司资本积累率走势比较复杂，没有一定的趋势性，并且波动幅度也较大。2007 年，公司资本积累率走势出现了大幅下滑，之后虽然出现了一定的反弹，但并没有改变其原来的趋势。到 2010 年、2011 年，其指标值出现负值。之后，

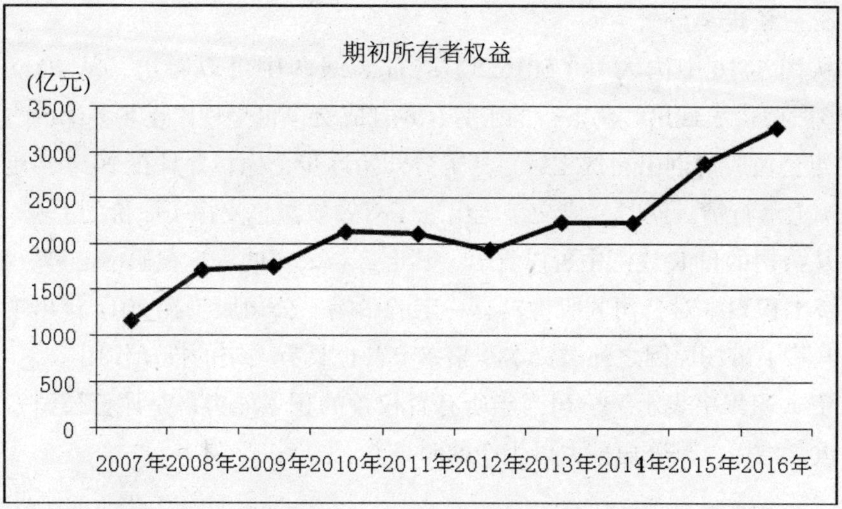

图 5-14　中国人寿（601628）期初所有者权益折线图

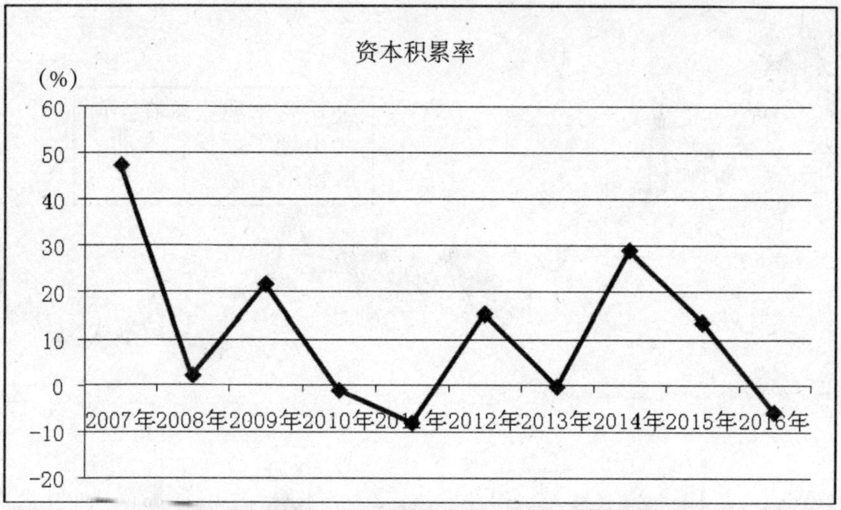

图 5-15　中国人寿（601628）资本积累率折线图

增长走势出现了拐点，开始呈现出上升态势，表明公司的资本积累出现增长，其应付风险、持续发展的能力得到了回升。但该走势在 2014 年又出现拐点，资本积累率出现下滑。

5. 股价走势分析

从图 5-16 中国人寿（601628）的日 K 线图中可以看出，从 2009 年开始，该股股价表现出震荡下行的走势，并且成交量也呈现出逐步萎缩的态势。2013 年公司股价创出新低之后，其走势开始逐步企稳，并且在 2014 年走出一波大幅上涨行情。同时，成交量也出现了有效放量，支撑了股价的上涨。

从公司的日 K 线图中可以看出，其走势与公司的资本积累率走势较相似，说明资本积累率对公司的股价具有一定的影响。公司股价在 2014 年出现大幅上涨，除了市场原因之外，资本积累率上升也具有一定的推动作用。

资本积累率表示了公司当年所有者权益的积累能力，是评价公司发展潜力的重要指标，是公司扩大再生产的源泉。

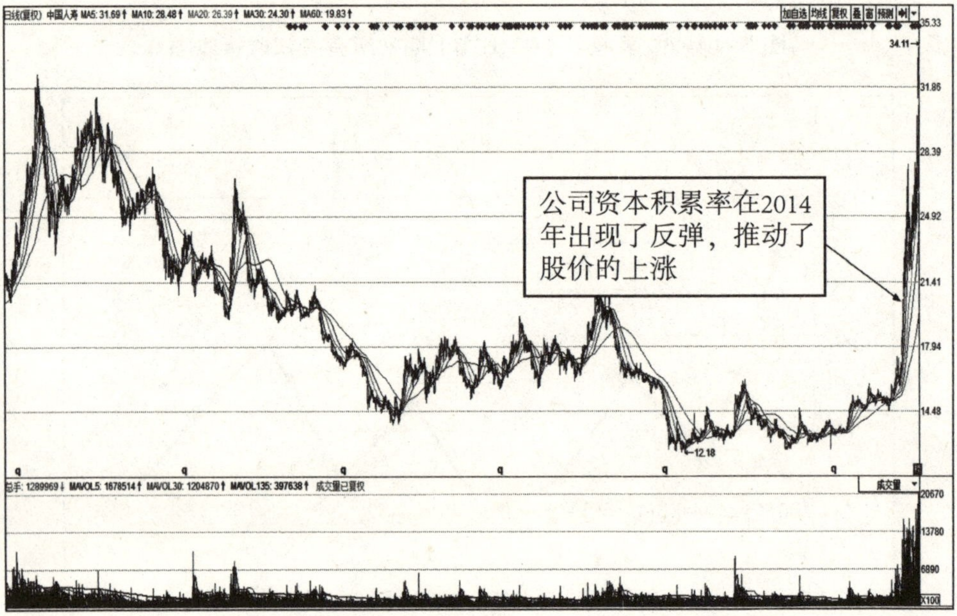

图 5-16　中国人寿（601628）日 K 线图

第五节　每股收益

每股收益反映了上市公司每股所创造的税后利润。一般情况下，该指标值越高，表明该公司创造的利润越多，其获利能力越强。该指标值越低，则表明该公司创造的利润越少，其获利能力越弱。投资者通过对上市公司每股收益历史走势的分析，可以衡量企业的盈利能力及其将来发展的前景。

在进行分析的过程中，投资者不能仅凭每股收益指标值的高低来制定买卖策略，而是要深入探寻造成每股收益指标值出现异常变动的深层次原因。例如，公司每股收益指标值异常增长，并不是由其主营业务的增长造成的，而是由公司的其他原因导致的，那么这样的每股收益增长就很难推动个股股价出现持续稳定的上涨走势，反之亦然。

每股收益指标也是投资者跨行业分析的通用指标，利用该指标可以衡量不同行业企业之间的盈利能力。因为每股收益指标考虑的是企业的净利润和股本之间的关系，其主要表达的含义是企业为股东每一股投资创造了多少收益，所以，该指标与企业属于什么行业并没有直接关系。

同时，每股收益指标也可以反映企业在所属行业中的地位。投资者对行业进行纵向的历史比较，可以发现那些高于行业平均水平并且有较高每股收益和收益稳定的公司，这类公司往往是该行业的领军者。在现实投资过程中，投资者和媒体都比较重视每股收益这个数据，对每股收益的预测也影响着市场的情绪，造成股价出现波动。因此，投资者应密切关注该项指标的变动情况。

一、指标解析

每股收益是指上市公司税后净利润与股本总数的比率，是普通股股东每持有一股所能享有的企业净利润或需承担的企业净亏损。每股收益有三种表达方式，这里仅就基本每股收益进行简单介绍。

基本每股收益的计算公式如下。

基本每股收益＝期末净利润 ÷ 当期发行在外的普通股加权平均数

期末净利润是指计算每股收益的会计期间，公司期末获得的净利润数值，该数值可以从公司的利润表取得。

当期发行在外的普通股加权平均数，是考虑上市公司在会计期间内的股本总数发生改变，期末和期初的股本数不一致的情况。其计算公式如下。

发行在外普通股加权平均数＝期初发行在外普通股股数＋当期新发行普通股股数 × 已发行时间 ÷ 报告期时间－当期回购普通股股数 × 已回购时间 ÷ 报告期时间

下面举例来简单说明每股收益这一指标，以便投资者加深对该指标的理解。

某上市公司 2014 年归属于普通股股东的净利润为 2000 万元，期初发行在外的普通股股数 1000 万股，年内普通股股数未发生变化，则 2014 年度每股收益计算如下。

基本每股收益＝ 2000 ÷ 1000 ＝ 2 元

在现实财务分析中，对每股收益的计算过程更为复杂，需要考虑上市公司的送转股、可转债等情况。

二、股市应用法则

中长线投资者可以关注每股收益指标由低逐步向上攀升的个股。每股收益指标呈现向上的变化趋势，说明企业的盈利能力逐步提高，从而推动公司股价稳定上涨。一般情况下，刚刚完成产业扩张的企业，其每股收益指标值较低。随着新产能上马投产，公司盈利能力也逐步展现出来，推升每股收益值增加，进而推动公司股价上扬。

短线投资者可以参考每股收益指标进行短线操作。在上市公司公布每年或每季度财务报告期间，总会出现一轮以企业业绩为核心的炒作行情。短线投资者可以分析公司历史每股收益指标的变化规律和行业景气度等情况，预测公司即将公布的每股收益情况，进而进行短线布局。

每股收益指标的趋势变化，也为投资者卖出股票提示了时机。如果某公司的每股收益指标出现下滑，并且这种下滑是因为企业的主营业务引起的，同时公司在短期内无法解决这一问题，那么投资者应结合技术分析，选择合适的时机卖出股票。对于短线投资者，如果某公司的每股收益突然出现大幅上涨，此时应进一步分析其出现上涨的原因的真实性，以对后市的投资决策提供保障。

价值投资者应留意那些保持较高和稳定的每股收益水准的公司。由于这些公司往往是行业的领军者，且收益稳定，持续分红，所以常常受到市场的关注和青睐，其股价表现一般也优于同行业的其他公司。

三、实战案例分析

下面以雅戈尔（600177）为例，利用该公司的每股收益来分析该股的投资价值与投资风险。

1. 财务数据分析

表 5-5　财务数据统计表

期间	期末净利润	股本	基本每股收益(元)
2007 年	24.8 亿元	22.3 亿股	1.11
2008 年	15.8 亿元	22.3 亿股	0.71
2009 年	32.6 亿元	22.3 亿股	1.47
2010 年	26.7 亿元	22.3 亿股	1.2
2011 年	17.6 亿元	22.3 亿股	0.79
2012 年	16.0 亿元	22.3 亿股	0.72
2013 年	13.6 亿元	22.3 亿股	0.61
2014 年	31.6 亿元	22.3 亿股	1.42
2015 年	43.7 亿元	22.3 亿股	1.96
2016 年	36.8 亿元	25.6 亿股	1.44

根据雅戈尔（600177）2007 年到 2016 年的年度财务报告，可以分别取得该上市公司各年度的期末净利润和股本数值，通过计算可以获得该公司各年度的基本每股收益数值。从这些数据中可以看出，该公司的期末净利润出现了一定的波动走势，而普通股股本则基本保持一致，没有出现太大变动。

2. 期末净利润分析

根据表 5-5 列示的雅戈尔（600177）2007 年到 2016 年各年度期末净利润数值，可以绘制出图 5-17 所示的折线图。从折线图中可以看出，该公司的期末净利润总体走势比较复杂，波动幅度较大。公司期末净利润在 2009 年开始进入下滑趋势，而在 2014 年却呈现出成倍增长。由此可见，该公司的每股收益值在 2014 年出现异常变动，主要是受到该公司净利润增长的影响。

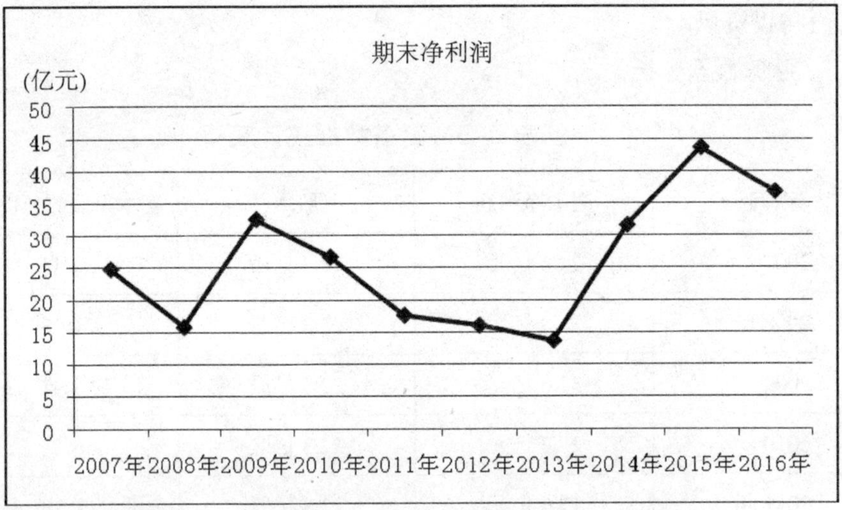

图 5-17　雅戈尔（600177）期末净利润折线图

3. 股本分析

根据表 5-5 列示的雅戈尔（600177）2007 年到 2016 年各年度普通股股本数值，可以绘制出图 5-18 所示的折线图。从折线图中可以看出，自 2007 年到 2015 年，该公司股本数呈现出水平直线的运行走势，直到 2016 年才出现变动，可见该公司在这一期间并没有增发股份或送转股等影响股本变化的

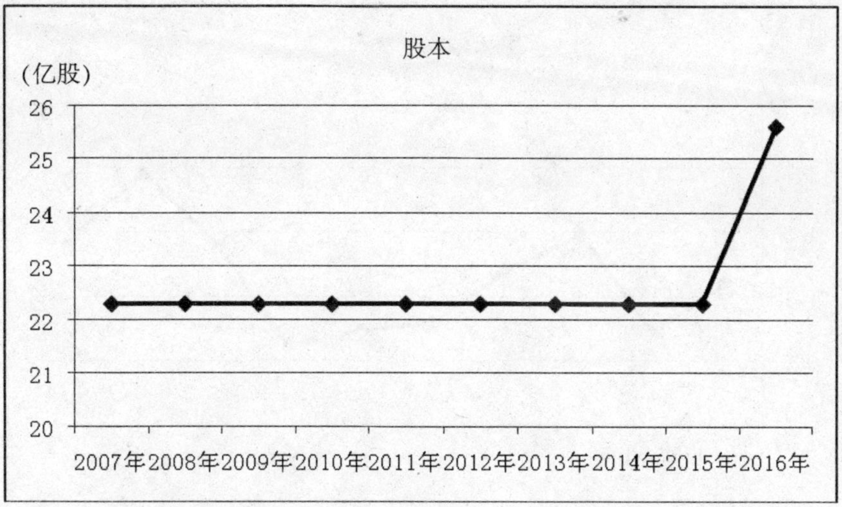

图 5-18　雅戈尔（600177）股本折线图

行为。那么可以推测该公司的每股收益指标出现异动，主因是该公司的净利润发生了变化。

4. 基本每股收益分析

根据表 5-5 列示的雅戈尔（600177）2007 年到 2016 年各年度基本每股收益数值，可以绘制出图 5-19 所示的折线图。从折线图中可以看出，该公司的基本每股收益走势变动幅度较大。该公司 2014 年的每股收益指标值为 1.42 元，而其 2013 年的每股收益指标值为 0.61 元，较上年同期增长了 132.6%。

从折线图中可以看出，自 2009 年以来，该公司的每股收益值一直呈现下滑趋势，直到 2014 年，该值出现了井喷式的增长。依据计算每股收益的两个数值的走势可以看出，公司 2014 年净利润增长导致了每股收益出现异动。

5. 股价表现分析

从图 5-20 雅戈尔（600177）的日 K 线图上可以看出，该股前期走势并不十分抢眼，其成交量也没有出现较大幅度的变化。进入到 2014 年下半年之后，该股出现了较大幅度的上涨。其原因是当时 A 股行情整体处在上升趋势之中，进而推动了股价上扬。

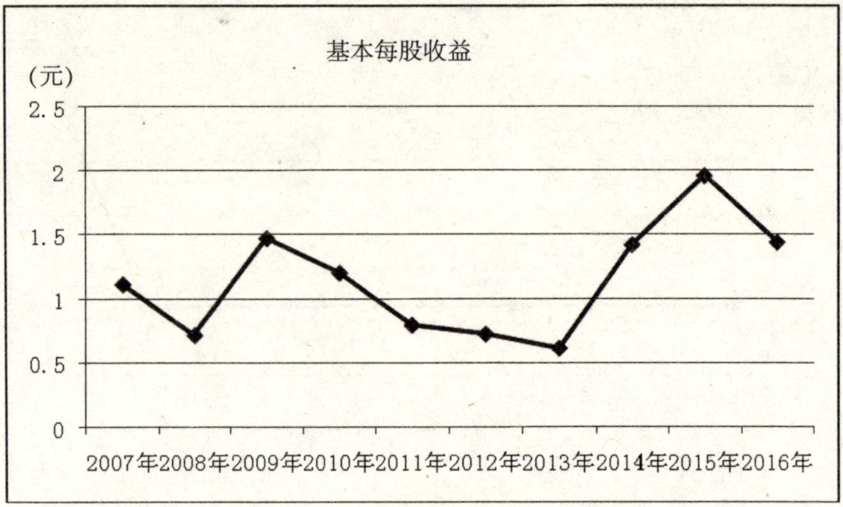

图 5–19 雅戈尔（600177）基本每股收益折线图

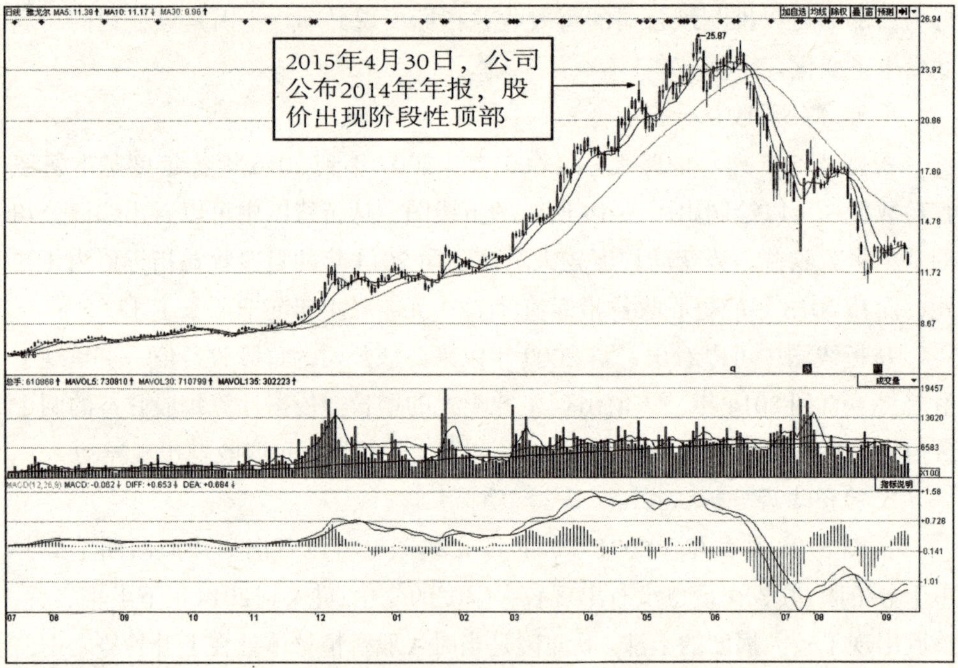

图 5–20 雅戈尔（600177）日 K 线图

2015 年 4 月 30 日，公司发布 2014 年年度报告，披露了该股每股收益指标值及其原因，之后股价出现了阶段性顶部。很难说这一走势与该公司的每股收益指标值无关，但由于该公司每股收益指标形成的原因并不能持续推动股价上扬，所以后市股价出现了回调的走势。

投资者可以通过分析上市公司的每股收益历史走势，衡量公司的盈利能力及未来发展前景，进而作出投资决策。

附录

私募大鳄曹明成：坐庄岁月里的那些往事

理财一周报 记者 / 林奇

2009年11月7日，《东方早报》“理财一周”对曹明成先生进行了人物专访，刊登于“资本大亨”栏目。

曹明成，1971年出生，汉族。常住广东和海南。1997年在湘财证券任职，后为私募资金操盘。看盘博客在新浪网、东方财富网、网易等各大门户网站每天受到数十万股民的追捧。依据10多年实战经验总结的“曹氏八线”操盘理论被圈内称为“零风险操作理论”。著有《吃定庄家》《擒庄实战技法》《庄家内幕揭秘》《K线实战技术精要》《庄股经典出货模式》等书。

私募大鳄曹明成，是私募圈内资深的操盘手，曾在多家咨询公司及投资机构任职，直接参与过多次大资金的操盘。

1999年“5·19”行情中，曹明成因成功阻击网络科技股而一战成名。

在互联网行情中，曹明成亲身领教了亿安科技、海虹控股等庄家李彪、蔡明的狠辣操盘手法。

在股海中摸爬滚打十几年的老曹，博客就叫“十年股灰”，在东方财富网的财经博客中排名第十四位。

从湘财证券的一名普通经纪人做起，再到操盘手、主操盘手、私募基金经理，曹明成经过10多年的实战，总结出“曹氏八线”操盘理论，并著有《吃定庄家》《擒庄实战技法》《庄家内幕揭秘》《K线实战技术精要》《庄股经典出货模式》等书 。

“11月还有两本书出版，今年可能还有两本，有出版社约稿了，但还没写完。”曹明成介绍。

10月26日，曹明成接受理财一周报的专访，揭露了许多不为人知的坐庄、跟庄内幕。

阻击网络股一战成名

理财一周报：像许多私募一样，您也是从经纪人做起的？

曹明成：差不多，早年和李华（第二代操盘手）是一批，最早是在湘财证券。离开湘财证券后，跟老板做操盘手，后来干脆出来单干了。

理财一周报：是不是因为做操盘手待遇都不太高？

曹明成：操盘手要看是什么样级别的，资深的主操盘手负责决策，与老板有分成，收入还可以。

理财一周报：当时做操盘手都经历过哪些比较大的战役？

曹明成：最早是阻击网络科技股的那一年，阻击网络科技股不是自己坐庄，而是跟庄。当时发现有大批私募资金成堆地扎入到网络科技概念类的股票，不少同类题材的股票都在底部放量，大资金入驻明显，就开始关注这个题材。

理财一周报：发现后是直接跟进吗？还是后来跟进的？

曹明成：先是试探性跟进。后来科技概念股开始成为当时的热点。与以往的概念炒作不同，这次很意外的是，炒作之后，入驻的庄家资金不见撤退，这在以往的概念炒作中很少见。当时经过考虑之后，就把所有的资金全线投入该类题材股。

理财一周报：这样追题材股会不会很冒险？

曹明成：这是很大胆的做法，当时遭到其他辅助操盘手的非议。因为这样做风险大，概念股炒作成热点后，一般都开始进入高位，这个时候介入，弄不好就成了庄家出货的牺牲品。

理财一周报：那为什么还决定满仓追进，当时是怎么考虑的？

曹明成：当时是依据庄家的操盘手法判断的。大量的庄家资金入驻了该类题材股，第一轮炒作之后，还在高位加仓，显而易见，目标不在短期。

理财一周报：当时网络股您跟的是哪只？

曹明成：做了很多只，蔡明的海虹控股就是其中一只。

理财一周报：这一波物联网炒作海虹控股也是龙头，您觉得这波物联网会不会像当初的互联网一样爆炒起来？

曹明成：这波物联网入驻的庄家资金还远远不够，暂时没有那种可能。但庄家的炒作计划可能会因为行情的变化而变化。就像当年的网络科技股，开始并不是大家都看好，后来“5·19”井喷，人气被完全带动起来，大量的私募资金进入了。因此也就出现了炒作一波后新资金大量入驻的现象，造就了一轮长达两年的牛市行情。

亲身领教李彪跌停板洗盘法

理财一周报：当时最有名的应该是罗成操控下的亿安科技，您跟的是这只吗？

曹明成：网络科技股的行情从1999年5月开始，直到2001年才退潮，持续了一年多时间。这轮题材的炒作，只要与网络科技挂边的都炒作起来了。其中的龙头亿安科技、海虹控股、四川湖山都炒作到了非理性的高度。亿安科技是第一只百元股，是罗成坐庄，操盘主要是郑伟和李彪负责。海虹控股是蔡明。去年李彪去世的时候我知道消息。

理财一周报：李彪总感觉对不起自己的弟弟，知道具体是为什么吗？

曹明成：他弟弟是李彬，当时坐庄亿安科技用的是金易投资公司的名义，郑伟是控制人。法人代表写的是李彬的名字，但李彬是圈外人，后来被扯进去了，被搞得很惨。据说李彪没有办法救无辜的弟弟，导致了李彬的破产，并差点入狱。

理财一周报：李彪是什么样的人？

曹明成：现实中的李彪长得比较斯文，光头，戴眼镜，但行事泼辣，脾气有些暴躁。郭庆、李彪、蔡明，这些都算是第一代操盘手，他们比我早一代，我那时候是小字辈。李彪操盘非常凶悍，他当时发明了跌停板洗盘法，鬼神莫测。

理财一周报：连续跌停，只要看盘无一幸免，当时亿安科技启动前就是连续3个跌停板。

曹明成：这种手法在当时很难判断。

理财一周报：为什么很多早年的庄家都不得善终？

曹明成：早年的操盘手生活都不太好，心理压力大是真的，真正功成名就的极少，一部分是被查了、逃亡了，一部分在后来的4年熊市（指2001-2005年熊市）中赔进去了。

理财一周报：那4年熊市够惨，2008年也很惨。

曹明成：2008年的大熊市也是套了很多的庄家。

理财一周报：当时为什么没有跟进亿安科技？

曹明成：亿安科技不敢跟。开始完全是逼空，强势股就是这样，一开始逼空，散户不跟进，继续逼空，开始震荡，散户眼红了，进去了，再拔高，庄家已经出货了。

亿安科技当年也是被逼上去的，前期的计划肯定没想要炒那么高。拉到40元的时候，没有人敢买了，怎么办？接着拉。亿安科技控盘量最后达到90%以上。其实玩到那个时候已经算失败了，最后出货比较艰难。

理财一周报：有个庄家跟我讲过，说很多筹码是在跌破100元后卖给了抢反弹的人。

曹明成：平均没有那么高。出货的平均价格，我们那时候判断应该在40元左右。60元左右制造假反弹，结果还是很少有人买。市场信心没有了，下跌趋势形成了。最大的抢反弹成交量在27元左右，平均出货价位在40~50元。

理财一周报：庄家出货一般都要先跌很多吧？

曹明成：一般庄家拉到离谱的位置，出货的价位会定在下跌一半的位置，做假反弹。

信奉自己的操盘理念

理财一周报：您信奉价值投资吗？

曹明成：在中国的资本市场，我从来不讲价值投资。所谓的价值，不过是给庄家炒作的理由而已。我的选股思路是跟庄，操作理论讲究趋势为先。

理财一周报：看来您是趋势派。

曹明成：我自己有一套操盘理念，在趋势形成之后，形态明朗之后才操作。但又不等同于右侧交易，我的买入点在次低点或次次低点，卖出位在次高点或次次高点。

理财一周：那您的这些东西是跟谁学的呢？还是自己悟的？

曹明成：自己悟出来的。早年是受一位老股民的启发，一位比较执著的老股民，他完全依据10日线买卖，获利很稳定。

理财一周报：线上持股，线下持币？

曹明成：是的。简单来说，可以用这八个字。

理财一周报：这方法最厉害，化繁为简了，但很多人不经过多年的实战永远不理解。可是单独只看一个10日线会不会有点片面？

曹明成：我当时研究这个10日线很长时间，也发现很多弊端。首先一点，如果不判断趋势，依据10日线买卖，会在平衡市里不知所措。另外，10日线经常被庄家作为洗盘的工具。实战中操作纪律最重要，比如下降通道就是线下持币，需要放弃所有的诱惑和机会。

理财一周报：您现在主要看些什么指标？

曹明成：都是一些我自己的指标，帮我写指标的有一个工作室，我提供我的思路，他们帮我完成。我有个学生叫谭文，他是这方面的高手。现在计算机信息技术太发达了，把传统技术分析与计算机分析相结合，真的是事半功倍。我们原来为了总结一个形态，自己画图，花大量的时间统计，再分析和总结，现在计算机可以在很短的时间内全部做完。

投资理财类书目

书名	作者	定价
股价结构：波浪与形态	华　强	35.00
神秘均线擒牛股——股市南山兵法	周国夫	32.00
从零开始学看盘	付　刚	58.00
K线图核心技术	金　铁	45.00
均线核心技术	金　铁	45.00
缠中说禅：教你炒股票：解盘答问篇（上、下）	培　峰	108.00
趋势交易实战——象限四度交易法	张文义	42.00
孝寒点位交易法	邢孝寒	38.00
新股民炒股全攻略	黄　金	58.00
涨停盘口定式	曹明成　谭　文	38.00
短线炒股必杀技	曹明成　谭　文	38.00
成交量分析入门与实战精解	刘振清	35.00
分时图分析入门与实战精解	刘振清	35.00
均线指标入门与实战精解	刘振清	35.00
宝塔线指标入门与实战精解	刘振清	35.00
筹码分布技术入门与实战精解	刘振清	35.00
现货石油交易实战宝典	张耿豪　饶　斌	38.00
股市晴雨表	汪雪鹏	36.00
农产品期货	付上金	58.00
教你炒股票：缠论与K线分析技术	培　峰	48.00
短线炒股全攻略	付　刚	49.00
磁区理论点评升级版	江南小隐	38.00
分时图必杀技	曹明成　谭　文	38.00
龙头股必杀技	曹明成　谭　文	38.00
三步掌握波段买卖	曹明成　谭　文	38.00
黑马捕捉术	曹明成　谭　文	36.00
阴阳K线的奥秘	曹明成　谭　文	38.00
相对波浪理论	唐桂华	42.00
波段操盘秘法	何瑞东	38.00
布林线指标入门与实战精解	刘振清	35.00
MACD指标入门与实战精解	刘振清	35.00
KDJ指标入门与实战精解	刘振清	35.00
一本书读懂互联网投资理财	蔡余杰	38.00
玩转技术指标：九种技术指标精讲	金　铁	45.00
新手炒股快速入门与技巧	刘振清	38.00
银行理财产品全攻略	薄志红	35.00
决战牛熊：股市获利之道	曹明成　谭　文	35.00
短线出击：股市快速获利战术	麻道明	49.00
聚沙成塔：T+0交易绝杀技	江南小隐	35.00
短线实战操盘技巧	伟　晴	42.00
一买就涨：买在底部的101个起涨信号	付　刚	38.00
一卖就赚：卖在顶部的123个卖出信号	刘　平	38.00
短线追涨与低吸技术	金　铁	38.00

续表

实战交易密码之走向盈利	陈志文	45.00
量价关系精要	徐子城	28.00
股票画线技术入门与实战	刘振清	38.00
股价结构：趋势与轨道	华　强	35.00
K线操盘学	麻道明	58.00
如何做股票交易	杰西·利弗莫尔	20.00
从零开始炒股票	徐子城	35.00
江恩理论入门、精通与实战	景生辉	28.00
缠中说禅：教你炒股票	王培峰	48.00
如何看懂技术指标	麻道明	38.00
个股期权投资指南	付上金	32.00
索罗斯32个投机信条	孙恩棣	28.00
巴菲特76条投资准则	孙恩棣	28.00
波浪时空体系	王军凯	32.00
超级牛股操盘术	李　闻	48.00
股价结构：压力与支撑	华　强	35.00
趋势定位	付上金	35.00
量价精研	邢孝寒	32.80
K线阳线战法	麻道明	39.00
K线阴线战法	麻道明	39.00
零起点期货投资一本通	黄　金	28.00
零起点基金投资一本通	黄　金	29.80
零起点股票投资一本通	黄　金	35.00
股市交易特技	时空老人	38.00
如何看懂分时图	江南小隐	28.00
易经演股法之个股攻略	第六感觉	35.00
艾略特波浪理论入门、精通与实战	景生辉	28.00
趋势与拐点交易法	戈　岩	35.00
家庭投资理财规划一本通	雷　冰	35.00
实战擒庄	张　文	35.00
筹码实战分析	刘晓杰	28.00
趋势技术分析	邱立波	36.00
专业操盘原理	景生辉	38.00
背离技术分析	江南小隐	29.80
小女人理财锦镶	游凌燕	28.00
理财产品全攻略	罗显良	38.00
股票投资资金管理与止损止盈技巧	雷　冰	32.00
春林涨停战法	张春林	29.80
龙头股实战技巧	张　文　赵振国	35.00
均线技术分析	邱立波	38.00
易经演股法	第六感觉	35.00
现货黄金投资技巧	邢孝寒	28.00
缠论解析：缠中说禅技术理论图解	江南小隐	23.00
实战交易密码	陈志文	35.00
股票投资的24个关键财务指标	雷　冰	35.00
K线技术分析	邱立波	38.00
破译K线图中的密码	江南小隐	38.00